新编21世纪高等职业教育精品教材 · 智慧健康养老服务与管理系列

居家养老服务与管理

主　编◎蔡　平　吴凯文
主　审◎陈社育

中国人民大学出版社
· 北京 ·

图书在版编目（CIP）数据

居家养老服务与管理 / 蔡平，吴凯文主编. --北京：中国人民大学出版社，2025. 4. --（新编 21 世纪高等职业教育精品教材）. --ISBN 978-7-300-32965-9

Ⅰ. D669.6

中国国家版本馆 CIP 数据核字第 2024RL8234 号

新编 21 世纪高等职业教育精品教材 · 智慧健康养老服务与管理系列
居家养老服务与管理
主　编　蔡　平　吴凯文
主　审　陈社育
Jujia Yanglao Fuwu yu Guanli

出版发行	中国人民大学出版社		
社　　址	北京中关村大街 31 号	邮政编码	100080
电　　话	010－62511242（总编室）		010－62511770（质管部）
	010－82501766（邮购部）		010－62514148（门市部）
	010－62511173（发行公司）		010－62515275（盗版举报）
网　　址	http://www.crup.com.cn		
经　　销	新华书店		
印　　刷	北京昌联印刷有限公司		
开　　本	787 mm×1092 mm　1/16	版　　次	2025 年 4 月第 1 版
印　　张	9.25	印　　次	2025 年 4 月第 1 次印刷
字　　数	204 000	定　　价	35.00 元

本书编委会

主　审　陈社育　南京城市职业学院

主　编　蔡　平　南京城市职业学院

吴凯文　南京城市职业学院

副主编　杨　嵘　上海乐亲健康管理有限公司

徐国荣　南京金陵高等职业技术学校

朱　杰　南京城市职业学院

参　编　冯　霞　上海乐亲健康管理有限公司

卫万宁　南京新城·心颐荟城市康养综合体

田　玲　上海乐亲健康管理有限公司

王岳奎　瑞芝康健养老产业集团

杨　敏　南京城市职业学院

张杏雨　南京城市职业学院

陆世尧　南京城市职业学院

前　言

根据我国第七次人口普查数据，60 岁及以上人口为 26 402 万人，占全国人口的 18.7%，其中，65 岁及以上人口为 19 064 万人，占全国人口的 13.5%。国家统计局发布的数据显示，2024 年年末，60 岁及以上人口为 31 031 万人，占全国人口的 22%，其中 65 岁及以上人口为 22 023 万人，占全国人口的 15.6%。目前，我国已经进入中度老龄化社会，老龄化规模大、速度快、区域分化明显，少子化、高龄化、空巢化、独居化趋势逐步加快，应对人口老龄化任务复杂艰巨。我国人口老龄化发展与中国式现代化建设进程时间节点基本重合，积极应对人口老龄化是推进中国式现代化必须正视的重大现实课题。

党的十八大以来，一整套面向未来的“中国式”养老方案逐渐清晰。2013 年，我国全面布局以居家为基础、社区为依托、机构为支撑的养老服务体系。2017 年，“积极应对人口老龄化，构建养老、孝老、敬老政策体系和社会环境”写入党的十九大报告。党的十九届四中全会提出，加快建设居家社区机构相协调、医养康养相结合的养老服务体系。党的十九届五中全会首次将实施积极应对人口老龄化上升为国家战略。2022 年党的二十大报告提出发展养老事业和养老产业，推动实现全体老年人享有基本养老服务，坚持预防为主，加强重大慢性病健康管理，提高基层防病治病和健康管理能力。2024 年党的二十届三中全会提出积极应对人口老龄化，完善发展养老事业和养老产业政策机制，培育社区养老服务机构。

我国的国情和家庭亲情观念使得 90%以上的人选择社区居家养老方式。为巩固居家和社区养老服务在养老服务体系中的基础地位，2016 年 7 月，民政部、财政部印发了《关于中央财政支持开展居家和社区养老服务改革试点工作的通知》，选择部分地级市（含直辖市的区）开展居家和社区养老服务改革试点，探索老年人居家或社区享受养老服务的模式。2017 年 2 月，《“十三五”国家老龄事业发展和养老体系建设规划》中进一步要求夯实居家社区养老服务基础，大力发展居家社区养老服务，逐步建立支持家庭养老的政策体系，统筹规划发展城乡社区养老服务设施。2019 年 4 月，《国务院办公厅关于推进养老服务发展的意见》围绕促进养老服务高质量发展，推动居家、社区和机构养老融合发展，支持养老机构运营社区养老服务设施，上门为居家老年人提供服务，打造“三社联动”机制，以社区为平台、养老服务类社会组织为载体、社会工作者为支撑，大力支持志愿养老服务，积极探索互助养老服务。2021 年 12 月，国务院办公厅印发《“十四五”城乡社区服务体系建设规划》，将社区养老作为应对老龄化的重要内容，大力发展社区助餐、助洁、助浴、助医等服务；特殊困难老年人月探访率达到 100%，深入推进老年人等重点人群的健康管理。2022 年 5 月，民政部等九部门印发《关于深入推进智慧社区建设的意见》，将居家养老纳入社区整体统筹考虑，奠定发展社区居家养老的“数字”基础。

“十三五”期间，各级政府继续加大力度引导社会力量参与养老服务发展，中央财政五年共计投入 50 亿元，支持 203 个地区开展居家和社区养老服务改革试点，民政部和发展改革委等部门联合实施普惠养老城企联动专项行动，加大普惠养老的服务供给。社区养老服务基本覆盖城市社区和半数以上农村社区，老年人不出社区就可以享受到助餐、助浴、助洁、助医、助行、助急“六助”服务，居家社区养老服务取得显著进展。

为适应和支撑我国社区居家养老服务体系的快速建设和高质量发展，社区居家养老服务人才的培养显得日益重要。2022 年 8 月，国家卫生健康委发布《“十四五”卫生健康人才发展规划》，要求进一步拓宽人才范畴，除了医药护技等卫生技术人才，老年健康、职业健康、医养结合、托育服务、健康服务业等相关领域人才需要一并纳入卫生健康人才范畴，加强培养、开发、建设和管理，将加强老年健康服务人才建设提高到前所未有的高度。2024 年 7 月，人力资源社会保障部会同国家市场监督管理总局、国家统计局向社会发布了包括社区助老员、老年洗浴员在内的 19 个新职业和 28 个新工种，加上之前发布的社会体育指导员、社区健康助理员等，与社区居家养老行业相关的新职业（工种）越来越多，也满足了老年人不断增加的多层次多样化养老服务需求。

与养老机构的管理和服务不同，社区居家养老的服务对象、服务方式、服务岗位、服务内容都有着自身特点，不能简单照搬公共卫生管理和护理的工作任务流程。除基础的生活照料和健康照护外，社区居家养老服务与管理的岗位任务中如社区关系的建立维护、服务对象的拓客引流、社区活动的组织策划、个性化居家照护方案的制定与实施、社区资源的整合利用、家庭关系的链接支持也同样重要。因此，在人才培养的职业能力结构中，除医学护理的基础知识和技能外，还需要更多如沟通表达、赋能引导、品牌运营、市场营销、宣传策划的技术技能和综合素质。

为此，我们校企合作编写了本教材，对居家养老服务与管理的政策依据、组织形态、服务内容与标准、管理规范、信息化建设以及目前国内外的实践经验等进行了较为系统的介绍，并对服务与管理过程中所需要的综合技能进行示范引导，以期帮助致力于扎根社区、为居家养老服务贡献青春智慧和热情的学子们坚定信心，砥砺前行；同时也有助于其他学习者对于我国社区居家养老服务体系建设的内涵和取得的实际成果经验有全面的了解和认识，提升对我国居家养老服务与管理高质量发展的支持和认可。

编者

目　录

第一章　居家养老服务概述 ………………………………………………………… 1
第一节　人口老龄化发展现状与趋势 …………………………………………… 2
第二节　居家养老服务发展与现状 ……………………………………………… 5
第三节　居家养老服务基本概念 ……………………………………………… 10
第四节　居家养老服务模式 …………………………………………………… 12
第二章　居家养老服务组织 ………………………………………………………… 17
第一节　居家养老服务组织基本概念 ………………………………………… 18
第二节　居家养老服务组织建设评定标准 …………………………………… 21
第三节　居家养老服务组织团队建设 ………………………………………… 25
第三章　居家养老服务内容与标准 ………………………………………………… 29
第一节　生活照料服务内容与标准 …………………………………………… 30
第二节　医疗护理服务内容与标准 …………………………………………… 38
第三节　紧急救援服务内容与标准 …………………………………………… 45
第四节　法律维权服务内容与标准 …………………………………………… 50
第五节　文化娱乐服务内容与标准 …………………………………………… 53
第六节　体育健身服务内容与标准 …………………………………………… 56
第七节　康复理疗服务内容与标准 …………………………………………… 63
第八节　精神慰藉服务内容与标准 …………………………………………… 69
第九节　适老化改造服务内容与标准 ………………………………………… 74
第四章　居家养老服务管理规范 …………………………………………………… 81
第一节　居家养老服务人员管理 ……………………………………………… 82
第二节　居家养老服务质量管理 ……………………………………………… 86
第三节　居家养老服务安全管理 ……………………………………………… 89
第五章　居家养老服务信息化建设 ………………………………………………… 96
第一节　智慧养老 ……………………………………………………………… 97
第二节　智慧居家养老平台 …………………………………………………… 102

第三节 智慧养老+物业 …… 105
第六章 居家养老服务实践 …… 112
第一节 国外居家养老服务模式 …… 114
第二节 中国农村居家养老服务实践：河南新县戴畈模式 …… 121
第三节 智慧居家养老服务实践：天津市和平区“智慧+”养老服务 …… 128
第四节 政府购买居家养老服务品牌实践：南京市江宁区“小江家护” …… 130
参考文献 …… 138

第一章

居家养老服务概述

居家养老服务是指政府和社会力量依托社区，为居家的老年人提供生活照料、家政服务、康复护理和精神慰藉等方面服务的一种服务形式。它是对传统家庭养老模式的补充与更新，是我国发展社区服务、建立养老服务体系、强化对老年人的兜底保障的重要内容。扩大普惠性养老服务供给，加强养老服务体系建设，是在发展中保障和改善民生的基础性工程，是贯彻落实全面建成社会主义现代化强国任务要求的具体实践，对于实现老有所养的美好生活需要具有重要意义。

章节概况

人口老龄化是社会发展的重要趋势，也是我国较长一段时期的基本国情。老年人口相对增多，社会人口结构呈现老年化状态。我国养老服务体系现有居家养老、社区养老和机构养老三种养老服务模式，其中居家养老服务是养老服务的主流模式。

学习目标

1. 理解人口老龄化是社会发展的重要趋势
2. 理解居家养老服务模式的基本概念
3. 学习社区居家养老服务发展的相关知识

情景导入

自改革开放以来，我国经济高速发展，老龄化社会的特征也逐步显现。2000 年第五次人口普查显示，65 岁及以上老年人口已达 8 811 万人，占总人口的 6.96%，标志着我国将正式进入国际标准的老龄化社会（65 岁及以上老年人口占比超过 7%即为老龄化社会）。2020 年第七次全国人口普查结果显示，老龄化程度加深趋势愈见明显，60 岁及以上人口约 2.64 亿人，占总人口的

18.7%，其中65岁及以上人口占比达13.5%。根据国家统计局预测，预计2035年前后老年人口比例将超过1/4，而到2050年前后将达到4.87亿，约占总人口的1/3，老年人口数量和占总人口比例双双达到峰值。第七次全国人口普查结果显示，我国16～59岁劳动年龄人口为8.8亿，未来预估劳动年龄人口趋于老化。

思考：

1. 我国人口老龄化的成因是什么？

____

____

____

____

2. 多种类型养老模式受到老龄化影响都有哪些特色与难题？

____

____

____

____

第一节　人口老龄化发展现状与趋势

一、我国人口老龄化发展现状

我国是较早进入老龄化社会的发展中国家，与其他西方发达国家相比，我国人口老龄化具有不同的特点。

（一）老年人口的基数大

按照目前人口老龄化趋势，可以预计，到21世纪中叶的时候，我国60岁及以上老年人口可能达到4.5亿～4.7亿人，这取决于今后的出生率包括生育政策的调整。我国的高龄老人中失能、半失能老人多，也是总量大的一个特点。

（二）人口老龄化速度快

这主要表现在两个方面：一方面是“未富先老”，另一方面是老龄化的增速快。发达国家进入人口老龄化时，经济发展水平已经比较高，具有较强的经济实力，各方面的社会保障制度比较完善，人口老龄化的速度也比较缓慢，所经历的时间长达几十年甚至上百年，从而为应对人口老龄化做好了准备。我国是在经济发展水平不高的情况下进入了人口老龄化，可以说是“未富先老”。1999 年我国进入老龄化社会时的人均 GDP 只有 1 000 美元左右，而发达国家是在人均 GDP 达到 5 000～10 000 美元水平时进入老龄化社会的。

（三）老龄化进程不平衡

老龄化进程不平衡包括三个方面：一是城乡的不平衡，第七次全国人口普查数据显示，我国农村人口老龄化的程度明显高于城镇，城镇的老龄化程度为 15.82%，而农村为 23.81%，农村的老龄化程度比城镇高出 7.99 个百分点。二是区域不平衡，东部快于西部，上海是我国最早进入老龄化的地区，而整个西部地区直到 2012 年才进入老龄化社会。三是结构不平衡，我国出生人口存在大起大落的现象，人口年龄结构失衡现象比较突出，老龄化进程也有明显阶段性的不均衡。

（四）老龄化承载基础弱

一是制度准备不足。我国的养老政策体系处在初创和完善阶段，我国多次修正《中华人民共和国老年人权益保障法》，部门和各地陆续出台法规规章以上的规范性文件多项，然而实际上在一些领域还是有空白。二是设施准备不足。2023 年《银发经济蓝皮书报告》显示，2022 年我国每千名老年人口养老床位数约为 39 张，而发达国家是 50～70 张，其中还有一部分是社区照料中心的一些非护理床位。

二、我国人口老龄化发展趋势

人口转变是指在现代化进程中，人口的再生产类型从高出生率和高死亡率逐渐向低出生率和低死亡率转变的过程。

按照出生率和死亡率的高低不同，可以把人口转变划分为三个不同阶段：第一阶段的主要特征是高出生率、高死亡率和低人口增长率；第二阶段是高出生率、低死亡率和高人口增长率；第三阶段是低出生率、低死亡率和低人口增长率。从国内外的大部分研究成果来看，人口转变的起点一般是高位均衡阶段，而终点则是低位均衡阶段。人口转变进入低位均衡阶段时就表明人口转变基本完成，同时人口的年龄结构也开始逐渐进入老龄化阶段。

根据我国人口转变结构变化以及考虑到可能的生育政策调整，预测到 21 世纪末，我国人口老龄化的发展将大致经历四个阶段：快速发展阶段、急速发展阶段、缓速发展阶段及高位稳定阶段。

（一）快速发展阶段（2015—2021 年）

从 2015 年到 2021 年为快速发展阶段，同时我国人口处于轻度老龄化阶段。在此阶段，我国老年人口迎来第一个增长高峰，2021 年年末增长到 2.67 亿人。这一阶段增加的老年人口属于“50 后”，他们的思想观念、收入水平、生活方式不同于“30 后”“40 后”，不仅消费能力强，而且只有少部分人赶上计划生育，大多数有 3 个及以上子女。这些子女是“50 后”老年人经济来源的主要补充，但这些子女目前是社会的中坚力量，不太可能为其父母提供家庭养老服务。不过，他们是发展老龄金融的重要客户群体，这一阶段是我国老龄产业发展的黄金战略准备期。

（二）急速发展阶段（2022—2030 年）

从 2022 年开始到 2030 年我国老年人口将迎来第二个增长高峰，也是 21 世纪老年人口增长规模最大的一次。2024 年年末，60 岁及以上人口为 3.1 亿人，占全国人口的 22%，我国进入中度老龄化阶段。这一阶段的老年人口主要是“60 后”。这批人经历了严格的计划生育，子女数量锐减，城市老年夫妇平均不到 1 个子女，农村老年夫妇平均也只有 2 个子女。这批人思想观念开放、生活方式现代化，经济实力也比较雄厚。

（三）缓速发展阶段（2031—2053 年）

2031 年到 2053 年为缓速发展阶段。在此阶段，我国总人口进入负增长，人口总量开始减少，老年人口增长态势放缓。这一阶段增加的老年人口大多是“70 后”，他们中很多人拥有较大的老龄金融资产，将是老龄产业的直接消费者和间接消费者。在此阶段，我国老龄产业发展将进入成熟期。

（四）高位稳定阶段（2054—2100 年）

从 2054 年到 2100 年为高位稳定发展阶段。在这一时期，我国人口持续处于重度老龄化阶段。老年人口增长期结束，形成一个稳态的重度老龄化平台期。

人口老龄化是人类历史上前所未有的一场无声的革命。毫无疑问，人口老龄化将成为我国基本国情的组成部分，成为我国实现第二个百年奋斗目标进程中必须考虑的一个长期的变量。

中国是较早进入老龄化社会的发展中国家，与其他西方发达国家相比，我国人口老龄化具有不同的特点。从中国人口与发展研究来看，中国的老龄化呈现出“两高一超一独”的趋势特征。

（1）高增长、速度快：“十四五”期间，我国从轻度老龄化迈入中度老龄化社会（按照国际标准 65 岁及以上老年人口占比超过 14%）。

（2）高龄化：2024 年年末国家统计数据显示，全国 65 岁及以上人口为 22 023 万人，占全国人口的 15.6%。中国高龄化问题也将日益突出。育娲人口《中国人口预测报告 2023》显示，预计 2030 年、2050 年 80 岁及以上人口占比将分别为 3.7%、11%。

（3）养老负担将超过抚幼负担：老年人口的快速上升，使得老年赡养比预计在 2030 年前后超过少儿抚养比，养老负担日益成为劳动年龄人口负担的主要压力来源。

（4）家庭小型化趋势下独居老人规模大幅提升：受家庭小型化的影响，独居老人的数量预计将从 2010 年的近 1 800 万快速上升至 2050 年的 5 000 多万。

相关知识

江苏作为全国较早进入老龄化社会的省份，近年来，积极贯彻落实应对人口老龄化的国家战略，构建居家社区机构相协调、医养康养相结合的“苏适养老”服务体系，托起老年人的幸福“夕阳红”。南通打造出特色鲜明的“互联网+居家+社区+机构”链式养老新模式；无锡发展家庭养老照护床位，将养老资源和医疗资源延伸到老年人家中；苏州在全国率先开展“家庭养老夜间照护床位”服务，完善养老服务24小时服务链。

2021年9月，苏州在全国地级市率先推行养老服务、为老助老“一卡通”——苏州市尊老卡。这张卡不仅整合了多方养老服务资源，还把养老服务进一步下沉到社区，蝶变出15分钟养老服务新场景。苏州市民王某告诉记者，15分钟就可以实现衣食住行都照顾到。

江苏深入贯彻落实习近平总书记关于老龄工作的重要指示精神，努力构建更加优质、更加充分、更加均衡的养老服务体系，大力发展形式多样、就近可及的居家社区养老服务，补齐农村养老短板，提高供给水平，让江苏老年人共享改革发展成果，安享幸福晚年。

第二节　居家养老服务发展与现状

相对于人口老龄化进程的加快，我国社区居家养老服务的发展较为滞后，还存在发展不平衡、不充分、供需不对位等突出矛盾。因此，有必要系统梳理我国社区居家养老的发展历程，用经济社会发展的动态视角分析社区居家养老面临的现实问题，完善新时代我国社会养老服务体系，提出相应的优化路径。

中华人民共和国成立至今，我国养老方式和养老服务体系建设发生了根本性变化。回顾这一发展历程，大致可以分为以下几个发展阶段，而在每一个发展阶段中，家庭养老、居家养老、社区养老、机构养老的含义、方式和支持政策也在不断地演变和发展。

一、模糊阶段

从中华人民共和国成立到改革开放初期，我国仍然延续了传统的家庭养老模式，但是随着社会保障制度的逐步建立，部分养老责任由家庭转向国家和单位承担。在城镇，单位包办职工及家属的福利，无劳动能力、无生活来源、无法定赡养人和抚养人的城镇“三无”老年人则由政府送到公办养老院集中供养；在农村，绝大多数老年人的养老由家庭承担，对于缺乏劳动能力或者完全丧失劳动能力，生活没有依靠的老、弱、孤、寡、残疾的老年人，则实施“五保供养”制度。敬老院的诞生成为我国最早的社会养老制度安排，主要目的是为各类老幼病残人员提供救济和教育等福利性服务，只有符合条件的人员才能入住，从而形成了大多数老年人居家养老、一部分特殊老年人入住养老机构的格局，这一模式一直延续到1978年我国实施改革开放以前。

二、基于家庭赡养义务的居家养老阶段

20 世纪 80 年代到 1999 年，我国初步形成机构、社区、居家三种基本养老方式。20 世纪 80 年代，我国政府开始关注人口的老龄化问题，1982 年成立中国老龄问题全国委员会，后逐步建立起了省、市、县、乡各级老龄工作委员会及其办事机构，初步形成了从中央到地方的老龄工作网络。

1983 年中国老龄问题全国委员会在《关于老龄工作情况与今后活动计划要点》中首次出现“老年人日间公寓”这一居家养老政策的主要内容。1984 年民政部明确提出了“社会福利社会办”的指导思想，随后，养老机构改制成为社会化福利部门，部分公办机构开始面向社会开放，普通老年人可以自费入住，公办养老机构的经营和管理进行“公建民营”改革，逐步走向了社会化的开放和激励模式。与此同时，自 20 世纪 80 年代开始，顺应从计划经济向社会主义市场经济的转轨，我国逐步推进社区服务体制和基层社会治理体制的改革。1986 年第一次提出了在城市开展社区服务工作的要求，并在全国的大、中、小城市进行了一系列的试点和推广工作。社区服务是以社区为单位组织的区域性社会福利服务，包括面向老年人、残疾人、儿童和优待对象等特殊社会群体提供救助性的福利服务，也包括面向社区内一般居民的便民利民服务和面向社区内各种组织和单位的服务。

此后，社区服务与居家养老紧密相连，社区为居家养老提供支持，使得居家养老的发展有了较高的起点和较好的基础。这一阶段我国的养老尚处于起步阶段，国家并未出台正式的养老、老龄政策，对居家养老服务尚未形成明确的认识，对老人的照料主要由家庭成员承担，并在《宪法》中规定：“成年子女有赡养扶助父母的义务”。

三、以社区服务业发展为契机的居家养老启动阶段

20 世纪 90 年代，我国的经济发展进入快速上升通道，国家在经济发展路线上开始重视产业结构调整，第三产业的发展被提上议事日程，以服务业为主的第三产业开始得到迅速发展，并以此带动了社区服务业的发展。

1992 年，中共中央、国务院发布了《关于加快发展第三产业的决定》，明确提出要大力发展第三产业，“居民服务业”成为我国第三产业的重点发展项目。在这一背景下，民政、老龄、卫生、残联等部门都开始大力发展社区服务业，而社区服务业的快速发展也为我国居家养老政策的出台和居家养老服务的实施奠定了一定的基础。在这一时期我国人口结构的老龄化进程加快，国家对于老龄化社会问题的关注度提升。1996 年，我国出台了《中华人民共和国老年人权益保障法》，该法明确规定：“老年人养老以居家为基础”。这部法律也明确指出了要建立适应老年人需要的生活服务、文化体育活动、日间照料、疾病护理与康复等服务设施和网点。与此同时，“居家养老”的观点开始出现在领导讲话和学术研究文献中，但是相关的居家养老政策仍未出台。

四、以“居家供养为基础”的社会服务体系逐步完善阶段

2000 年《关于加快实现社会福利社会化的意见》明确提出推进社会福利社会化的

总体要求：投资主体多元化，服务对象公众化，服务方式多样化，服务队伍专业化。自此，我国机构养老一直延续着市场化、社会化、专业化的方向发展，机构养老床位数不断增加，服务内容不断拓展，服务质量不断提高。

2000年中共中央、国务院出台了《关于加强老龄工作的决定》，这是发展老龄事业的纲领性文件，提出了要建立以家庭养老为基础、社区服务为依托、社会养老为补充的养老机制。这是国家第一次提出要建立一个包含家庭、社区、社会在内的养老机制，并强调了社区服务在这一体系中的重要作用，是我国日后出台居家养老政策的重要依据。

从2000年开始，我国进入人口老龄化社会，养老需求激增，受计划生育政策等多方面影响，家庭小型化、“4-2-1”家庭结构逐步凸显，我国养老服务政策导向也从完善养老服务方式向构建科学完备的社会养老服务体系转变，养老服务发展呈现机构、社区、居家三种基本养老方式齐头并进、体系化发展的特征。《关于加强老龄工作的决定》指出，要建立健全社区管理和社区服务体系，发展老年服务业。坚持家庭养老与社会养老相结合，充分发挥家庭养老的积极作用，建立和完善老年社会服务体系。建立家庭养老为基础、社区服务为依托、社会养老为补充的养老机制。

2006年2月《关于加快发展养老服务业的意见》提出鼓励发展居家老人服务业务，逐步建立和完善以居家养老为基础、社区服务为依托、机构养老为补充的服务体系。此时，“居家”代替以往“家庭”的提法，标志着发展居家养老已经成为我国解决养老服务难题的基本政策取向。2008年全国老龄工作委员会办公室联合多部门颁布《关于全面推进居家养老服务工作的意见》，规定居家养老服务是指政府和社会力量依托社区，为居家的老年人提供生活照料、家政服务、康复护理和精神慰藉等方面服务的一种服务形式。

这一时期居家养老、居家服务的理念已经形成，国家开始强调建立以居家为基础、社区为依托、机构为补充的养老服务体系，各部门对以社区为重心提供养老服务的重视程度不断加强。民政部门、老龄部门开始成为大力发展社区服务和社区为老服务的重要力量，卫生和残联部门则为社区居家养老服务提供了必要的医疗卫生、康复护理和残疾康复服务支持。

五、全面推进居家养老服务

2008年，《关于全面推进居家养老服务工作的意见》发布，我国的社会养老服务体系得到了快速发展：国家在社区服务的基础上大力发展社区为老服务；社会福利社会化和养老服务业的发展，使各种形式的机构养老服务得以快速发展；国家在建立社会养老服务体系上的思路更加明确，出台了专门的居家养老服务政策，极大地推动了我国居家养老服务的发展。

2011年9月《中国老龄事业发展“十二五”规划》明确提出：建立健全县（市、区）、乡镇（街道）和社区（村）三级服务网络，城市街道和社区基本实现居家养老服务网络全覆盖；80%以上的乡镇和50%以上的农村社区建立包括老龄服务在内的社区综合服务设施和站点。积极拓展居家养老服务领域，实现从基本生活照料向医疗健康、辅具配置、精神慰藉、法律服务、紧急救援等方面延伸。建立了以居家养老为基础、社区养老为依托、机构养老为支撑的养老服务体系。

党的十八大以来，党中央高度重视老龄工作，出台了一系列政策措施，我国老龄事业发展迎来全新的局面，社会养老服务体系建设也呈现出新的格局。2016 年 3 月《中华人民共和国国民经济和社会发展第十三个五年规划纲要》中提出“建立以居家为基础、社区为依托、机构为补充的多层次养老服务体系”，反映了我国社会养老服务体系建设的基本思路。2017 年 2 月《“十三五”国家老龄事业发展和养老体系建设规划》中再次强调要夯实居家社区养老服务基础，大力发展居家社区养老服务，加强社区养老服务设施建设。2019 年 3 月国务院办公厅印发的《关于推进养老服务发展的意见》对“推动居家、社区和机构养老融合发展”提出明确要求。2019 年 10 月党的十九届四中全会进一步提出“加快建设居家社区机构相协调、医养康养相结合的养老服务体系”。

在国家政策的引导下，一方面，机构养老的内涵进一步拓展，出现了“公办养老机构、公建民营机构”“营利性养老机构、非营利性养老机构”等不同形态共存的格局，国家政策倡导和鼓励养老机构利用专业优势开展延伸到居家的上门服务，也鼓励专门从事居家服务的专业化公司的发展，在互联网智慧技术的支持下，线上线下相结合，从事专业化居家养老服务的公司应运而生。

另一方面，社区和居家养老的概念进一步融合，出现社区居家养老模式。从实践发展看，大多数老年人选择居家养老的居住形态，由社区提供良好的养老环境和服务，形成“社区＋居家”养老的服务链条。即以居家为基础，依托社区养老服务和设施，来满足居住在家中的老年人养老需求的养老模式，具体的养老服务内容包括生活照料、医疗护理、紧急救援、文体娱乐、精神慰藉、健康管理、康复辅助等。该模式把老年人居家养老与社会提供的服务和支持结合起来，满足了老年人的情感和生活需要，既能够克服家庭养老服务能力弱化的困境，规模化满足老年群体就地养老服务需求，又能够弥补机构养老覆盖面窄、成本高、将老年人与家庭割离的缺陷，是同时服务于健康老年人和失能、半失能老年人的经济型养老服务模式。

社区居家养老服务的内容又分为社区化居家服务和社区化设施服务两类。社区化居家服务是以为居家老人提供上门服务为主，社区化设施服务则更多强调社区内的老年居民以使用社区养老服务设施的途径获取服务。广义的社区化设施服务包括社区层面的常住型养老机构和专业化医疗服务设施，狭义的社区化设施服务专指养老机构和医疗设施以外的社区托养服务设施、综合养老服务设施和社区支持类服务设施。

当前，居家养老的理念已经深入人心，国家在制定社会养老服务体系的思路上更加清晰，福利多元化的思想对我国建立社会养老服务体系的影响也已有所体现。社区照顾及居家养老服务基本上涵盖了不同层次养老需求的内容，为了科学有效地管理和提供便捷的服务途径，引入高新技术和大数据平台到居家养老福利领域是一种创新思维，这也意味着居家养老服务进入功能的提升时期。

目前，我国的居家养老服务内容主要包括生活照料服务、医疗护理服务、精神慰藉服务、法律援助服务等，在一定程度上保证了老年人的晚年生活质量。但总体来看，我国的居家养老政策在实施过程中还存在着许多问题，包括：居家养老服务组织体系的运转衔接不顺畅；市场发育滞后；资金投入不足，服务队伍落后；服务有效需求不足；缺少相关服务标准等。

党的二十大报告明确提出：推动实现全体老年人享有基本养老服务。2023 年 5 月，中共中央办公厅、国务院办公厅印发的《关于推进基本养老服务体系建设的意见》指出：基本养老服务是指由国家直接提供或者通过一定方式支持相关主体向老年人提供的，旨在实现老有所养、老有所依必需的基础性、普惠性、兜底性服务，包括物质帮助、照护服务、关爱服务等内容，明确界定了基本养老服务的概念和内涵。

截至 2023 年，全国已有 72 部省级或地市级养老服务相关条例涉及居家养老服务相关内容①，关于居家养老的法律法规进一步完善，并形成了国家标准《居家养老上门服务基本规范》(GB/T 43153—2023)。2024 年，国务院办公厅发布《关于发展银发经济增进老年人福祉的意见》，进一步支持拓展居家助老服务，鼓励养老机构、家政企业、物业服务企业开展居家养老上门服务，并建立居家、社区、机构养老之间的服务转介衔接机制。

拓展阅读

《城市社区嵌入式服务设施建设工程实施方案》建设要求

2023 年 11 月，国务院办公厅转发国家发展改革委《城市社区嵌入式服务设施建设工程实施方案》(以下简称《实施方案》)。《实施方案》提出，社区是城市公共服务和城市治理的基本单元，实施城市社区嵌入式服务设施建设工程，在城市社区（小区）公共空间嵌入养老托育、社区助餐、家政便民、健康服务、体育健身、文化休闲、儿童游憩等功能性设施和适配性服务，有利于推动优质普惠公共服务下基层、进社区，更好满足人民群众对美好生活的向往。

《实施方案》的总体要求如下：

以习近平新时代中国特色社会主义思想为指导，深入贯彻党的二十大精神，坚持稳中求进工作总基调，完整、准确、全面贯彻新发展理念，着力推动高质量发展，坚持以人民为中心的发展思想，坚持人民城市人民建、人民城市为人民，以务实、可及为导向，聚焦创造高品质生活，推动城市公共服务设施有机嵌入社区、公共服务项目延伸覆盖社区，努力把社区建设成为人民群众的幸福家园，不断增强人民群众获得感、幸福感、安全感。

1. 保障基本、优质普惠。社区嵌入式服务设施面向社区居民提供养老托育、社区助餐、家政便民、健康服务、体育健身、文化休闲、儿童游憩等一种或多种服务。按照精准化、规模化、市场化原则，优先和重点提供急需紧缺服务，确保便捷可及、

① 赵洁．推动居家和社区养老服务发展的实践与思考．中国民政，2023 (19).

价格可承受、质量有保障，逐步补齐其他服务。

2. 分类施策，有序推进。根据不同城市类型和社区特点精准施策，坚持宜建则建、宜改则改，以城市为单位整体谋划，以街道或社区为单元推进，统筹规划、建设、服务、管理，尽力而为、量力而行，合力推进共建共享，持续提升服务水平。

3. 鼓励创新，试点先行。尊重基层首创精神，压实地方政府组织实施、资金投入、建设管理主体责任，中央政府加强统筹推动和支持引导，鼓励各地先行先试、改革探索，充分发挥政策激励和典型示范作用。

4. 健全机制，持续发展。坚持有效市场和有为政府更好结合，统筹调动社会资源，健全优质普惠公共服务向社区延伸下沉的体制机制，积极探索构建公建民营、民办公助等多样化建设运营模式，有效盘活利用城市存量资源，实现社区嵌入式服务可持续发展。

城市社区嵌入式服务设施建设工程实施范围覆盖各类城市，优先在城区常住人口超过100万人的大城市推进建设。综合考虑人口分布、工作基础、财力水平等因素，选择50个左右城市开展试点，每个试点城市选择100个左右社区作为社区嵌入式服务设施建设先行试点项目。到2027年，在总结试点形成的经验做法和有效建设模式基础上，向其他各类城市和更多社区稳妥有序推开，逐步实现居民就近就便享有优质普惠公共服务。

第三节　居家养老服务基本概念

一、居家养老服务的定义

居家养老服务，是指以家庭为核心、以社区为依托、以专业化服务为依靠，为居住在家的老年人提供以解决日常生活困难为主要内容的社会化服务。服务内容包括生活照料与医疗服务以及精神关爱服务。

二、发展居家养老服务的意义

居家养老作为一种主流的养老方式，在当下的城市养老中发挥着不可替代的作用，相较于其他类型的社会化养老服务，它至少具有以下几个方面的优势。首先，从居住场所来看，老年人可以继续居住在自己熟悉的社区，维系各种社会关系，仍能够相对完整地融入社区，形成归属感和认同感。尤为重要的是，这种居住方式，让他们能保持起码的自由度。其次，从家庭的亲情来看，居家养老仍能够实现代际的亲密关系。虽然在现代社会，子女因工作和生活的原因，无法像家庭养老那样给予老人无微不至的关怀，但子女定期的探望，以及不时的照顾，依然是老人获得情感支持的重要途径。最后，从服务供给来看，居家养老能够享受更为多元化、系统性的养老服务。

三、居家养老服务特点

第一，居家养老服务吸收了家庭养老和社会养老方式的优点和可操作性，把家庭养老和机构养老的最佳结合点集中在社区。老人的自由性较高，隐私受到保护，吃、住、行等方面可由社区提供帮助，生活较方便。

第二，居家养老服务让老人既享有家庭温暖，又能得到同龄人的认同，给他们带来归属感与认同感，老年人在其中更容易找到生活的乐趣，是一种“双赢”策略（有家人陪伴、与子女之间有互助）。

第三，居家养老服务可以享受政府提供的资助补贴，节省了个人和家庭一定的开支。同时，嵌入在社区里的养老服务网点能够提供专业化的上门服务，快捷灵活度高。

四、居家养老服务方式

服务作为一种商品应该是有偿的，但是居家养老服务从本质上又应该属于公共服务或者说是福利性服务的范畴。因此，即使它是有偿的，但在服务老人的过程中，如果发现有些老人的收入或家庭子女给他的赡养费用还不足以支付他应该享受的服务费用的话，政府应给予相应的补贴。从价值补偿这一点上讲，政府应该发挥在公共服务中的主导作用，应该承担一部分责任。靠减免费用不是办法，只有政府支付才会不影响居家养老服务的正常运作。

对经济困难的老人而言，全国很多地方对于居家养老有明确的补贴办法和标准。如老人需要居家服务，根据评估确定其需要哪些服务，对老人的身体情况、收入情况等做出评估，所需要的服务价格是多少，老人自己能够支付多少，如果支付不了全部，差多少政府就给相应的补贴。北京、上海、南京、大连等地都有这样的补贴办法和标准，只是各地标准不是完全一致。国家相关部门也要求各地根据实际情况制定相应的补贴办法。

居家养老服务方式主要有两种形式：一种是“请出来”，动员那些能自理的、身体比较好的老人尽量从家里走出来，到社区机构网点场所来接受服务，参加一些社区组织的活动，这样对老人的精神文化情感方面大有裨益，另外可以让老人更好地了解社会、融入社区。另一种是“送上门”，对于那些身体不能自理、走不出来的老人，可以培训一批居家养老的护理人员到老人家里实行上门包户的服务，这样老人的需求在家里也能得到满足。这是两种最基本的服务方式。养老服务人员队伍由两个部分组成：一部分是专业化的养老护理员，不仅要经过培训还要取得相应资质；另一部分是社会力量，通过扩大广大志愿者的队伍，发动社区、单位、学校的相关人员利用自己的技能知识，利用节假日、休息日给老人提供相应的力所能及的服务。

相关知识

2019年中共中央、国务院印发的《国家积极应对人口老龄化中长期规划》（以下简称《规划》)，是我国积极应对人口老龄化的战略性、综合性、指导性文件。《规划》明确了积极应对人口老龄化的战略目标，从五个方面部署了应对人口老龄化的具体工作任务：

一是夯实应对人口老龄化的社会财富储备。通过扩大总量、优化结构、提高效益，实现经济发展与人口老龄化相适应。通过完善国民收入分配体系，优化政府、企业、居民之间的分配格局，稳步增加养老财富储备。健全更加公平更可持续的社会保障制度，持续增进全体人民的福祉水平。

二是改善人口老龄化背景下的劳动力有效供给。通过提高出生人口素质、提升新增劳动力质量、构建老有所学的终身学习体系，提高我国人力资源整体素质。推进人力资源开发利用，实现更高质量和更加充分就业，确保积极应对人口老龄化的人力资源总量足、素质高。

三是打造高质量的为老服务和产品供给体系。积极推进健康中国建设，建立和完善包括健康教育、预防保健、疾病诊治、康复护理、长期照护、安宁疗护的综合、连续的老年健康服务体系。健全以居家为基础、社区为依托、机构充分发展、医养有机结合的多层次养老服务体系，多渠道、多领域扩大适老产品和服务供给，提升产品和服务质量。

四是强化应对人口老龄化的科技创新能力。深入实施创新驱动发展战略，把技术创新作为积极应对人口老龄化的第一动力和战略支撑，全面提升国民经济产业体系智能化水平。提高老年服务科技化、信息化水平，加大老年健康科技支撑力度，加强老年辅助技术研发和应用。

五是构建养老、孝老、敬老的社会环境。强化应对人口老龄化的法治环境，保障老年人合法权益。构建家庭支持体系，建设老年友好型社会，形成老年人、家庭、社会、政府共同参与的良好氛围。

第四节 居家养老服务模式

居家养老服务实际上是在社区建立一个支持家庭养老的社会化服务体系，它具有服务主体多元化、服务对象公众化、服务方式多样化、服务队伍专业化等特点。相对过去传统的“家庭养老”，“居家养老”服务把社会化的为老服务引入家庭，是对传统的家庭养老模式的补充与创新，有效地提升了养老的质量和效益。

一、嵌入式微型社区养老机构模式

嵌入式微型社区养老机构模式指通过改造社区现有公共设施或闲置物业，因地制宜地为老年人提供就近医疗卫生服务、居家安养服务、短期寄养服务和长期托养服务，满足老年人社区居家养老服务需求。上海市静安区的乐龄生活圈就是以典型的嵌入式微型社区养老服务站模式，为社区居家老年人提供社区服务。乐龄家园助老服务站作为社区基层养老服务的服务阵地，实行全年24小时无休的工作机制，定点、定时为老年人提供生活照料和家庭支持。

养老机构社区延伸服务是嵌入式微型社区养老机构模式的发展，指充分利用养老机构的专业化和科学化发挥辐射社区作用，其养老服务向社区延伸。这一模式已在北京市朝阳区、陕西省宝鸡市、广西壮族自治区南宁市、浙江省金华市、山西省太原市等地展开。

二、政府购买的“1＋N”社区居家综合服务模式

此种模式是指通过政府购买的方式，鼓励社会组织参与社区居家养老服务，推动社区养老服务发展。通过设立“居家养老护理床位”，形成以养老院为核心、多个居家服务中心一体联动的“1＋N”区域统括服务方式。

具体操作模式如下：

第一，民政部门一方面与老年人签订“居家养老护理床位”协议，提供医疗康复类、居家照护类、助餐、助洁、助浴等上门服务；另一方面团购相关医院、养老院和居家养老服务中心等社会资源，让这些机构与组织各自发挥资源优势，共同服务于签约的老年人。

第二，为老年人和社区养老机构发放养老服务补贴，主要有“补人头”“补砖头”“补床头”。“补人头”是为社区需要养老服务的老年人提供高龄津贴、养老服务补贴和护理补贴等，让老年人自主选择社区养老服务机构。“补砖头”是指为社区居家养老服务照料中心的建立提供资金支持，目前我国普遍实行“公建民营”对机构的建立进行补贴。“补床头”是指根据入住情况对社区居家养老服务床位进行补贴。浙江省杭州市通过资金补助和政策引导，给予社区养老服务水、电、气等补贴，推动社区养老服务的发展。

三、“互联网+”社区居家养老服务信息平台模式

该模式依托互联网信息技术和社区惠民热线，逐渐构建集生活照料、医疗康复保健、财产管理和法律咨询、休闲娱乐服务、精神慰藉和社会参与于一体的养老服务网络平台，改变信息交流传递方式，提升服务管理效率，有效整合政府、家庭、社会等养老服务资源，尤其是整合、改造、利用社区内机关单位、物业、家政、商业等各类资源为老年人提供24小时全面完整的居家养老数据化档案管理、紧急救援、为老服务热线、日常生活照料和精神关怀等方面的服务，形成半小时社区居家养老服务圈。

四、社会互助公益型社区居家养老服务模式

目前，我国有大量社会互助公益型社区居家养老服务。

在城市，社区“时间银行”养老服务储蓄模式和老年人互助团体出现。社区低龄老年志愿者与高龄独居老人结对子，通过上门探访、情感支持和社区活动等为高龄独居老

人提供电话访问和上门探视服务。

在农村社区，广泛建立农村互助幸福院。村集体出资改造农村现有废弃厂房、学校，配套建设文化、卫生、娱乐等设施设备。按照“自治、自愿、自理、自助”的原则，实行“集中居住、分户生活、统一服务、互助养老”。“集中居住”是鼓励孤寡老年人、困难老年人集中居住；“分户生活”是老年人仍保持以前的生活，需自备粮油和蔬菜，医疗费用也需老年人自付；“统一服务”是村集体统一提供基本公共服务。“互助养老”是互助幸福院不设专职服务人员，由老年人结对互助，彼此帮忙，互相照顾。农村互助幸福院模式在一定程度上缓解了老年人生活照料和精神慰藉的困境。

五、长期护理保险模式

长期护理保险（简称“长护险”）制度是指利用社会互助共济方式筹集资金，对经评估达到一定护理需求等级的长期失能人员，为其基本生活照料和基本生活密切相关的医疗护理提供服务或资金保障的社会保险制度。居家养老服务是长护险护理服务模式之一，是指护理站、社区养老服务机构等为居家的参保人员提供上门照护或社区日间集中照护及相关医疗护理服务。

2016 年 6 月，人力资源社会保障部下发《关于开展长期护理保险制度试点的指导意见》，全国多省市进行长期护理保险试点，有助于探索适合各地经济发展水平的长期护理保险。

六、社区居家适老化与日托服务

此外，社区居家养老服务还为有需求的独居老年人、重病老年人、高龄老年人提供社区日间照料和托老服务；在社区进行老年宜居环境建设，对楼梯扶手、无障碍通道实施适老化改造，以便更好地保障社区老年人安全出行；社区老年大学和社区图书室等设施免费向老年人开放等。

目前，社区居家养老服务主要有以上几种模式，每一种养老服务模式并不是完全割裂开来的，各种模式之间存在着协同融合的关系，例如，“互联网+”模式完全可以与嵌入式微型社区养老机构模式、长护险模式融合发展，利用信息技术提高社区养老服务模式的效率。因此，在产业实践中，社区养老服务模式的融合创新是一大发展趋势。

相关知识

我国的社会养老服务体系主要由居家养老、社区养老和机构养老三个有机部分组成。社会养老服务体系是与经济社会发展水平相适应，以满足老年人养老服务需求、提升老年人生活质量为目标，面向所有老年人，提供生活照料、康复护理、精神慰藉、紧急救援和社会参与等设施、组织、人才和技术要素形成的网络，以及配套的服务标准、运行机制和监管制度。

建设社会养老服务体系应以居家为基础、社区为依托、机构为支撑，着眼于老年人的实际需求，优先保障孤老优抚对象及低收入的高龄、独居、失能等困难老年人的服务需求，兼顾全体老年人改善和提高养老服务条件的要求。社区居家养老服务具有社区日间照料和居家养老支持两类功能，主要面向家庭日间暂时无人或者无力照护的社区老年人提供服务。在城市，结合社区服务设施建设，增加养老设施网点，增强社区养老服务能力，打造居家养老服务平台。倡议、引导多种形式的志愿活动及老年人互助服务，动员各类人群参与社区养老服务。

章节习题

选择题

1.“高龄老年人口”的年龄界限为（　　）。

A. 65～74 岁　　B. 60～65 岁

C. 70～79 岁　　D. 80 岁以上

2. 到 2050 年时，我国的老年人数将达到（　　）左右。

A. 4.87 亿　　B. 4 亿　　C. 5.87 亿　　D. 6 亿

3. 影响人口老龄化的因素是（　　）

A. 死亡率上升，出生率下降　　B. 死亡率下降，出生率下降

C. 死亡率下降，出生率上升　　D. 死亡率上升，出生率上升

4. 我国人口老龄化的挑战体现在居家养老服务上，主要原因是（　　）。

A. 家庭规模不断缩小，代际支持能力在弱化

B. 人口老龄化速度远远快于日本等发达国家

C. 预期寿命延长，照料需求的压力在加大

D. 人口流动频繁，家庭养老能力不足和经济结构转型，人力资本存量不足

5. 居家养老服务有几种服务模式？（　　）

A. 3 种　　B. 4 种　　C. 5 种　　D. 6 种

6. 我国社会养老服务体系由哪几部分组成？（　　）

A. 居家养老、社区养老、机构养老

B. 家庭养老、机构养老、居家养老

C. 家庭养老、社区养老、机构养老

D. 居家养老、社区养老、家庭养老

课后研学

78岁的王爷爷一人独居在家，子女在国外定居。王爷爷平时爱下楼与友人下棋喝茶，性格开朗热情。但某天因路滑，王爷爷在外出时摔倒，导致股骨骨折至今已有2年。其间子女多次为其安排入住某机构，能为王爷爷提供康复治疗与安全保障，但王爷爷无法适应机构生活，吵闹着要回家。子女不放心他独自在家，又因王爷爷病后性情古怪，无法说服，遂联系到社区，有意向寻找社区居家养老服务中心帮助。

假如你是居家养老服务中心的一名社工，请你为王爷爷制订一份服务计划，应包括以下内容：

1. 王爷爷的身体情况、心理情况、社交情况、疾病情况及其他情况说明。
2. 王爷爷与其家属的需求有哪些？
3. 居家养老服务中心应为王爷爷提供哪些服务？

第二章

居家养老服务组织

社会组织是居家养老服务体系构建过程中不可或缺的供给方，在介入居家养老服务体系构建过程中也获得了孵化机会，实现了自我介入式发展。

章节概况

为了应对老龄化社会的现状，我国在不断完善养老体系，其中，居家养老服务组织是为了加快构建居家养老服务体系而设立的服务机构。居家养老服务组织的主要功能是以家庭为中心、以社区为依托、以专业化服务为依托，为那些准备或者已经在家养老的老年人提供养老服务。

学习目标

1. 了解居家养老服务组织的类型
2. 了解居家养老服务中心建设及评定标准

情景导入

江苏省南京市在社区层面实现基层养老服务设施整合，提出“两无偿一优先”发展养老设施：社区40%以上用房“无偿”用于养老服务，公建配套的养老服务设施“无偿”提供给非营利性社会养老机构运营，明确提出“行政事业单位的闲置用房优先用于养老设施”。各街道社区综合服务中心均设养老服务专区，开展助餐、助浴等服务，在全市打造15分钟“为老服务便民圈”。

江苏省南通市出台《关于推进社区长者驿家建设工作的通知》，打造“社区长者驿家”养老服务模式，将小型养老机构移至社区，让社区长者驿家与街道老年人日间照料中心、社区居家养老服务站、社区卫生服务机构等整合设置或邻近设置，为社区老年人提供日间照料、助残送餐、短期托养、喘息服务、精神慰藉等服务。

思考：

1. 为什么鼓励发展居家养老服务？

____

____

____

____

2. 建立居家养老服务中心需要满足哪些要求及标准？

____

____

____

____

第一节　居家养老服务组织基本概念

一、社会组织介入居家养老服务的重要性

社会组织无论采取哪种方式介入居家养老服务，都是十分必要的，并且具有可行性和有效性。社会组织介入与否对居家养老服务相关主体的影响比较，如表 2-1 所示。

表 2-1　社会组织介入与否对居家养老服务相关主体的影响比较

主体特点	不介入情况下	介入情况下
政府组织	包揽社会性事务	社会性事务减少，行政化色彩减弱
	易造成权力集中，影响服务效果的发挥	完善权力监督机制
	事务性工作繁多	服务专业化有所保障
	专业人员较少	专业人员增多
	资金充足	资金可流转、筹集

续表

主体特点	不介入情况下	介入情况下
社会组织	功能较少，难以发挥实质性作用	有效发挥社会组织力量
	社会组织管理机制不完善	社会组织承接政府责任，公开监督
	社会组织与老年人难以有效接触	依托老年人需求，提升服务质量
	社会组织难以与其他组织融合发展，提供服务	链接各类社会组织资源
家庭	家庭赡养责任过大，难以承担养老压力	减轻家庭赡养责任
	家庭成员难以与老年群体进行有效沟通，沟通技巧不够	孝文化不断夯实，有利于家庭和睦
老年群体	精神压力较大，不良情绪难以有效宣泄	心理养老压力减轻，有倾诉的对象
	家庭氛围不适合养老	与家庭成员友好相处
	身体机能逐渐下降	医养结合下的身心健康
	生活照料问题多	生活质量不断提升
	经济压力大	经济来源稳定且充足

具体而言，在社会组织不介入的情况下，政府组织作为居家养老服务的主体时，容易陷入需要包揽全部社会事务但又无暇顾及繁多的事务性工作，对具体养老服务需求了解不深的困境，可能会导致政府的权力集中，使监督和运行效果不佳，但优点是政府的资金充足。就社会组织而言，社会组织变为单一的行动主体，一方面社会组织管理机制不完善，另一方面社会组织难以与服务对象和其他组织有效联系，导致社会组织的支撑力不足；就家庭而言，在精力投入和资金投入的过程中，家庭赡养责任过大，难以承担养老压力，同时家庭成员难以与老年群体进行有效沟通；就老年群体而言，自身的精神压力得不到有效排解，家庭氛围、身体机能、生活照料等使其产生自我认同危机，不利于老年群体的身心发展。

而在社会组织介入的情况下，对政府而言，事务性工作交由社会组织承接，服务者的专业素质得到提升，监督更加有力，也使得资金能够顺畅地向社会流动；对社会组织而言，能够利用政府的主导作用，扩大自身的社会网络，发挥社会组织的灵动性优势，提高社会组织组织架构的合理性；就家庭而言，社会组织的介入能够减轻一部分家庭的赡养压力，同时社会组织能够帮助家庭形成和谐的家庭文化；就老年群体而言，不仅可以提高其自身身心健康，增强自我认同，而且能享受到更符合自身需求的居家养老服务。总体而言，当社会组织介入居家养老服务后，服务效果和影响力得到较大的提升。

二、社会组织介入居家养老服务的类型

依据社会组织介入居家养老服务是否提供直接的服务，可将其划分为直接和间接两种类型。第一种是以社区养老服务中心为依托的服务网络，即直接进行服务的社会组织。全国范围内存在的诸多“社会工作服务社”和“社会工作发展中心”，是依托当地社会工作协会的支持而创办的民办非营利企业，主要的工作任务是进行社会工作服务项

目的设计与开发、政策研究、评价评估、社会组织孵化以及承接政府购买服务等。通过这种直接进行服务的方式，社会组织可以更全面接触到养老服务对象，也能够为老年群体开展全面的居家养老服务。第二种是以社会工作协会、产业协会等为中心的服务网络，即间接进行服务的社会组织。其主要工作任务就是对养老服务领域进行资料收集、资源整合以及项目评估、专业培训等，间接为老年群体进行项目化服务。

三、社会组织介入居家养老服务的功能

社会组织介入居家养老服务后，不管是在服务内容的设置上，在组织网络的构建上，还是在组织功能的发挥上，都产生了影响。总体而言，其功能大致分为以下两类。

一是资源供给功能，聚焦于人力和物力资源方面。在人力资源方面，专业居家养老服务工作者与其他专业知识人才的储备是提升人员素质与服务效率的重要方面。在物力资源方面，社会组织能够联系政府组织和企业组织进行资金的供给和物质的提供，以此提供能用于居家养老服务的各类资源。例如，相关社会工作服务社、社会工作发展中心对其服务对象提供直接服务，以其自身拥有的社会工作者资源对服务对象进行资源的直接供给，运用人力资源帮助老年群体进行正常的养老活动。

二是资源整合功能。这主要包括资源协调作用、监督作用、反馈作用以及资源竞争作用。在资源协调作用方面，社会组织能够整合政府、社区和市场等对老年群体较为有利的各类资源，从而协调各主体之间的权利博弈状况。例如，各省市社会工作协会不断探索整合政府、高校、基金会和家庭的资源优势对老年群体进行养老服务。在监督作用方面，社会组织的介入对政府组织的资金分配起到了监督作用。事实上，不仅在资金上，监督还表现在人事关系调动、服务评估等方面。在居家养老服务购买项目上，社会组织通过完成申报工作，获得民政部门的资金支持，从而分配了政府组织的公共资金供给。在反馈作用方面，社会组织能够从老年群体的需求出发，实事求是对其进行需求评估，从而能够有针对性地为老年群体提供服务。在资格评估方面，社会组织也提供社会工作专业人才的职业岗位和素质评判。在服务信息的反馈方面，社会组织也可以通过直接接触，对政府工作人员的工作态度与能力进行评判。在资源竞争方面，社会组织通过对各类养老资源的有效选择，能够实现在市场经济中的资源有效配给，从而为老年群体提供最优的服务质量。在选择社会组织协作的过程中，倾向于选择那些运作良好、资源质量较高的社会组织，这种协作的选择机制能够促进社会组织对老年群体的资源支持度和服务效果的提高。

四、社会组织介入式发展的主要类型

社会组织介入居家养老服务后，依据其介入的程度和社会组织在资源供给和整合方面作用的大小，可将提供居家养老服务的社会组织区分为供养-连接型社会组织、连接型社会组织、供养型社会组织和不完全型社会组织。

（1）供养-连接型社会组织，是指在资源供给和资源整合方面都能够发挥较大作用，不需要其他组织援助的类型。其具有相对完善的结构，功能的发挥具有较强的完整性与合理性。

（2）连接型社会组织，是指在资源供给方面较弱，在资源整合作用方面较强的类型。也就是说，这一类型基本能够承担资源的收集和再整合的功能，对各类养老资源基本采取“筛选—推荐”的方式，即收集养老资源并进行择选后再推荐。

（3）供养型社会组织，这是与连接型社会组织功能相反的类型，重资源供给轻资源整合，在各类养老资源供给上较多采取直接雇佣或购买的方式。

（4）不完全型社会组织，是指在社会组织的架构方面发展不完全，在资源供给方面和资源整合方面都不成熟，仍在发展阶段。

相关知识

《“十四五”国家老龄事业发展和养老服务体系规划》指出要强化居家社区养老服务能力，主要体现在：

（1）综合利用社区养老服务设施和闲置房屋等资源，打造一批食材可溯、安全卫生、价格公道的标准化社区老年食堂（助餐服务点）。

（2）因地制宜采取中央厨房、社区食堂、流动餐车等形式，降低运营成本，便利老年人就餐。

（3）支持社区助浴点、流动助浴车、入户助浴等多种业态发展，培育一批专业化、连锁化助浴机构。

（4）支持家政企业开发被褥清洗、收纳整理、消毒除尘等适合老年人需求的保洁服务产品。

（5）组织和引导物业企业、零售服务商、社会工作服务机构等拓展为老服务功能，提供生活用品代购、餐饮外卖、家政预约、代收代缴、挂号取药、精神慰藉等服务。

（6）支持社区养老服务机构平台化展示，提供“菜单式”就近便捷为老服务，鼓励“子女网上下单、老人体验服务”。

第二节 居家养老服务组织建设评定标准

目前，我国还没有统一的居家养老服务组织建设评定标准，此处以南京市居家养老服务组织建设评定标准加以阐释，希望读者能够触类旁通，掌握此类知识与实践操作。南京市居家养老服务组织包括南京市居家养老服务中心、城市小型托老所、农村“老年关爱之家”、虚拟养老院等服务组织。

一、南京市居家养老服务中心等级评定标准

居家养老服务中心是指为居家老年人提供各种综合性服务的社区服务场所，并设有

日间照料、文化娱乐、医疗保健、康复训练等多项或单项服务和开展上门服务项目的社会组织或企业。

为促进居家养老服务中心持续、有序和更高标准地发展，政府规定了等级评定标准，把评定标准分为五个等级，即 A、AA、AAA、AAAA、AAAAA 级，建设的最低等级为 AA 级，AAAAA 级为最高等级。

（一）机构资质

居家养老服务中心须进行民办非企业单位登记或工商注册。

（二）基础设施

居家养老服务中心应有相对独立的服务与办公场所。AA 级：面积在 $100m^2$ 左右。AAA 级：面积在 $120m^2$ 以上，且环境布置要符合老年人生理特征，有与功能相配套的设施。AAAA 级：面积在 $400m^2$ 以上，有相对独立的老年人休息房和日间照料室，有餐厅、多功能活动室、图书阅览室等，并配有相应设施。AAAAA 级：在 AAAA 的基础上，面积在 $600m^2$ 以上。

（三）服务功能

AA 级：须提供上门家政和生活照料服务。AAA 级：在 AA 级基础上拓展上门照护、康复护理、配餐送餐、文体活动、日间托老、心理关爱和法律咨询服务，托老简易床位 5 张以上。AAAA 级：在 AAA 级基础上规定日间照料有相对独立的休息室，托老简易床位 10 张以上，有信息服务平台和数据库及老年人精神关爱服务项目。AAAAA 级：在 AAAA 级基础上规定有覆盖全区的虚拟养老服务，承担本区居家养老服务创新、研究及试点工作。

（四）服务成效

AA 级：享受经常服务的老年人月均人数 50 人左右，测评满意率达 80%，且无火灾、食物中毒等安全责任事故。AAA 级：在 AA 级基础上服务老年人月均人数 100 人左右，满意率达 90%，无重大事件投诉。AAAA 级：在 AAA 级基础上服务老年人月均人数 300 人左右，满意率达 95%。AAAAA 级：在 AAAA 级基础上服务老年人月均人数 1 000 人左右，满意率达 98%。

（五）人员配备

AA 级：至少有 1 名专职管理人员，有与服务规模相当的专（兼）职服务人员。AAA 级：在 AA 级基础上至少有 2 名大专学历以上专业服务人员或 1～2 名中级技术职称专业服务人员，服务人员持证上岗率达 85%以上。AAAA 级：在 AAA 级基础上至少有 1 名中级技术职称专业管理人员，具有社工、护理、保健等多种专业服务人员，服务人员持证上岗率达 90%以上。AAAAA 级：在 AAAA 级基础上至少有 1 名高级技术职称专业管理人员，服务人员持证上岗率达 95%以上。

（六）管理制度

AA 级：有服务流程、服务项目、收费标准、服务记录和质量控制制度，有人员培训和奖惩制度，有财务制度，有服务安全和风险规避制度，建立服务档案。AAA 级：

在 AA 级基础上与员工有劳务合同，与服务对象有服务协议，推行意外保险，实行服务诚信管理、监控和评估制度。AAAA 级：在 AAA 级基础上实行技术等级服务、等级收费。AAAAA 级：标准同 AAAA 级。

二、南京市城市小型托老所、农村“老年关爱之家”评定标准

城市小型托老所是指城市社区内有 10 张以上床位，可短期接待老年人托管服务的社区养老服务场所，其设有生活起居、文化娱乐、医疗康复等服务设施，可提供老年人日托、全托、临时寄养服务。

农村“老年关爱之家”是指从农村养老实际出发，利用基础条件较好的闲置土地、厂房、学校和住宅等资源，通过政府、集体、社会或个人出资建立的 10 张床位以上，依托社区为农村高龄、空巢、独居、失能、半失能老年人在生活上提供集中居住、生活照料、文化娱乐等服务的小型农村社区托老机构。

（一）机构设置

必须进行民办非企业单位登记或工商注册。

（二）基础设施

城市小型托老所须有相对独立的服务场所，具有老年人长期住宿的配套生活设施，床位 10 张以上，使用面积在 $180m^2$ 以上，每房配备老年人生活必需用品，生活场所必须具备无障碍设计要求，符合卫生、消防要求。

农村“老年关爱之家”须有相对独立的服务场所，具有老年人长期住宿的配套生活设施，床位 10 张以上，使用面积在 $400m^2$ 以上，每房配备老年人生活必需用品，生活场所必须具备无障碍设计要求，符合卫生、消防要求。

（三）功能设置

规定具有生活照料、配餐助餐、康复保健、文体娱乐和精神关爱等功能。

（四）服务队伍

城市小型托老所至少有 1 名专职管理人员，且取得养老护理员职业资格证书；护理员按与老年人 1∶8 配备，且男女比例协调；护理员持证上岗率达到 90%。

农村“老年关爱之家”至少有 1 名专职管理人员，且取得养老护理员职业资格证书；提供专业化服务人员持证上岗率达到 100%；专（兼）职服务人员与老年人比例不低于 1∶10。

（五）管理制度

有人员岗位职责、服务流程、服务项目、收费标准、服务记录和质量控制制度；有人员培训和奖惩制度；有财务制度；有服务的安全和风险规避机制；有老年人档案；与服务对象签订协议。

（六）服务成效

无火灾、溺水、食物中毒、走失和非正常死亡等安全责任事故发生；每年开展一次满意度测评，服务对象和群众对服务效果、服务质量满意率达 85%以上。

三、虚拟养老院评定标准

虚拟养老院以信息化平台为支撑，通过网络和通信设备促进服务落地，让老年人在家和社区就能够享受到各种居家养老服务。

（一）机构设置

须进行民办非企业单位或工商注册；依托现有的专业养老机构或社会组织的人员和设备，利用信息化平台提供以居家养老为主要业务范围的各种服务；必须正式挂牌服务。

（二）基础设施

有相对独立的办公场所，建筑面积在 600m^2 以上；设立呼叫服务中心、接待咨询中心、数据管理中心、服务指挥中心、质量监控中心等功能室；配备与服务规模相适应的呼叫座席（15 秒内话务员接通率不低于 90%）；配备通信网络系统硬件（宽带终端设备）；存放虚拟养老院数据的服务器；语音交换机；建立信息平台系统软件和呼叫系统软件；台式刷卡器或手持刷卡器；健康检测仪。

（三）功能设置

老年人和服务组织信息采集、录入、评估，采用动态管理；居家养老落地服务；紧急救援和救助；老年人意外监控；主动关怀；对服务的监督和管理等功能。

（四）人员配置

至少有一名大专学历以上专职管理人员，与座席规模相配套的话务员，专、兼职服务人员与老年人的人数比例不低于 1∶10 配备，服务人员接受专业培训不少于 10 小时，90%持证上岗。

（五）管理制度

有服务流程、服务项目及收费标准、服务记录、质量控制制度；有财务管理制度；有服务安全和风险规避制度；有人员招聘、培训、考核、奖惩和辞退制度；有加盟组织准入、退出机制、考评制度。

（六）服务成效

接受经常性服务的老年人月均 2 000 人左右；服务对象和群众对服务效率、态度、质量、效果等测评满意率达 85%以上。

相关知识

南京市出台的《南京市社区居家养老服务实施办法》《南京市社区居家养老服务标准》，通过政府购买居家养老服务推进非营利社会组织参与居家养老服务供给，引入市场机制，提高养老服务资源的利用效率。具有南京户籍且常住的五类人群，如满足以下条件之一：城镇“三无”人员、农村“五保”人员，低保及低保边缘的老人，经济困难的失能、半失能老人，70周岁及以上的计生特扶老人，百岁老人，可以申请政府购买居家养老服务。在政策实施方面，南京市主要在中心城区的街道社区进行试点，致力于建立服务网络全覆盖，包括服务管理网络和服务实体组织。服务管理网络主要为社区居家养老服务中心，是政府购买民间组织服务的载体，对区街道的居家养老服务工作进行具体指导、服务审批、监控、评估；服务实体组织主要吸纳本市失业人员，为居家老人提供生活照料、家政和精神慰藉等服务。

第三节　居家养老服务组织团队建设

一、居家养老服务团队组成

居家养老服务团队由以下队伍组成：

(1) 分级服务评估队伍。评估队伍由医院专职或老年服务团兼职医师、护士、社工资质的人员共同组成，并通过专门评估培训和评估考核（依照国家、省、市关于老年人照顾需求评估的行业标准开展的培训），负责预约到评估站进行评估，或者为行动不便且无人照料的老年人提供上门评估服务。评估内容包括：服务对象照顾需求、健康状况与居家环境。通过评估，确定老年人需要护理的等级和确定需要服务的项目并建立老年人个人居家平台档案。

(2) 服务人员队伍。依业务需要培训跨专业的服务人员队伍，通过培训选拔出医师、护士、护理员、康复师、理疗师、心理咨询师、营养师、健康管理师等专业人士，最大程度地满足老年人生理、心理、社会及经济层面的需求。

(3) 社工队伍。居家养老服务是新兴的社区服务事业，因此需积极引入社工专业人才，发展受过社工专业训练、掌握社工工作专业技能和工作模式、能够以社工专业手段开展“助人自助”的专业社工队伍。

(4) 兼职人员服务队伍。成立老年服务团，采取低偿、就近为老人服务的方式提供为老服务，并通过老年服务团带动人气，形成良性循环的服务氛围。此外，应积极组织开展居家养老志愿者服务活动，建立社工带义工的机制，促进敬老助老风气的形成，尽可能大地扩大居家养老服务的影响力。

(5) 营销企划销售团队。通过上门服务人员及社区、警务站等各方的宣传，为老年人提供针对性服务，包括适老化产品营销。

二、居家养老服务团队培训

需分类培养居家养老服务经营管理人才、专业技术人才和技能人才，通过专业培训吸引精锐力量充实到居家服务队伍中来。

(1) 有组织地进行继续教育、职业技能培训、专业技能培训，使服务人员具有职业责任感和组织归属感，形成专业化队伍，持证上岗。

(2) 全面提升团队人员在老年生活照料、老年护理、心理保健、运动康复、膳食营养及社区活动策划组织等方面的专业能力。

(3) 依托院校培养居家养老运营管理、护理康复、心理咨询、社会工作等专业人才。

(4) 可把日间托老中心、社区居家养老服务中心作为专业人才和志愿者培养培训基地，积极联系辖区内院校，以助学、奖学、委托培养等多种方式吸引各类毕业生从事居家养老服务工作，同时吸引活力老人以存储服务时数“时间银行”的方式参与志愿者服务，多渠道拓宽为老服务队伍来源。

拓展阅读

英国是世界上较早进入“银发”时代的国家。20 世纪 90 年代，英国就提出了社区照顾服务，其目标是使老年人在自己家里或“像家似的”环境中受到帮助。后来，英国政府制定了许多引导性政策，并投入了大量力量建设、规范和整合社会上各种零散的社区照顾服务，逐渐形成了多主体、多层次、可以满足老年人不同需求的比较完整的服务体系。社区照顾居家养老服务体系，实际上是“社区内的照顾”和“由社区来照顾”两种服务模式的各因素结合形成的服务体系。

1. 服务主体

主要由经理人、主要工作人员和照顾人员组成，他们有些是政府雇员，有些是社会的专业工作人员和志愿服务人员，但都经过正规的培训。

2. 服务对象

英国的社区照顾居家养老服务体系主要面向四类人群：

(1) 居住在自己家中，有部分生活能力，但又不能完全自理的老年人。

(2) 居住在自己家中，生活不能自理、卧病在床的老年人。

(3) 有生活自理能力，但身边无人照顾的老年夫妇或单身老年人。

(4) 因家人临时外出或度假，而无人照料的老年人。

3. 服务内容及服务方式

(1) 生活照料。生活照料又分为居家服务、家庭照顾、老年人公寓、托老所四种形式。

(2) 物质支持。物质支持分为提供食物、安装设施、减免税收等。如：地方政府或志愿者组织用专车供应热饭，每年约有 3 000 万份直接送到老年人的家中，2 000 万份送至各托老所。为帮助老年人能在家独立生活，地方政府负责为他们安装楼梯、浴室、厕所等处的扶手，设置无台阶通道，添置电器、暖气等设备，改建厨房和房门等。

(3) 心理支持。心理支持包括治病、护理等。如：保健医生上门为老年人看病，免处方费；保健访问者上门为老年人讲授保健知识，如保暖、防止瘫痪、营养及帮助老年人预防疾病等，每年约有60万老年人接受此类访问。还有家庭护士上门为老年人护理、换药、洗澡等。另外，政府还规定了为老年人提供视力、听力、牙齿、精神等方面的特殊服务。

(4) 整体关怀。整体关怀包括改善生活环境、发动周围资源予以支持等。如：英国政府出资兴办具有综合服务功能的社区活动中心，为老年人提供娱乐、社交的场所。行动不便的老年人则由社区活动中心定期派专车接送。同时，为帮助老年人摆脱孤独，促进心智健康，适当增加老年人的收入，社区为老年人提供力所能及的钟点场所——老年人工作室，每日两小时左右。

4. 运作特点

(1) 政府监督，政策引导。英国政府通过各种政策，引导和支持社会力量兴办各种照顾服务，如制定社区照顾的法规政策，政府出资兴建各种服务设施，为民间社区照顾事业提供财政支持等。同时，政府也严格监督和检查民间组织和私人机构开展社区照顾的服务质量。

(2) 政府补贴、无偿、低偿服务相结合。英国的居家养老服务有免费的，也有低廉收费的，具体收费标准由地方政府决定，在老年人经济能够承担的范围之内，不足部分则由政府开支进行补贴。对于接受家庭照顾的老年人，政府还会发给老年人与住院同样的津贴，使家庭在照顾老年人时有一定的经济保障。

(3) 官办民助或民办官助，依托社区运作。各种照顾机构中，既有政府出资、社区举办的非营利性机构，也有私营、商业性的服务机构。但开展照顾服务都主要是以社区为依托，将各种服务设施建立在社区内，照顾方式也尽量与老年人的生活相融合。

章节习题

选择题

1. 社会组织介入居家养老服务有几种发展模式？（ ）

A. 3种　　B. 4种　　C. 5种　　D. 6种

2. 居家养老服务组织有几种类型？（ ）

A. 2种　　B. 3种　　C. 4种　　D. 5种

3. 南京市居家养老服务中心最高评定等级为（ ）。

A. AA级　　B. AAA级　　C. AAAA级　　D. AAAAA级

4. 以下哪类南京户籍人群不能申请政府购买居家养老服务？（　　）

A. 低保及低保边缘的老人　　B. 经济困难的失能、半失能老人

C. 70 周岁及以上的计生特扶老人　　D. 残疾人

课后研学

家住南京市玄武区大石桥社区的郇某，因为中风导致偏瘫。郇某和南京新街口街道某居家养老服务中心签订了协议，“孩子不住在身边，家庭养老床位解决了我生活中许多难题。家里进行了适老化改造，他们给我派来了阿姨，帮我买菜、做饭、洗衣、打扫。定期还有医生护士、养老护理员上门，给我量血压、做康复、洗澡等。每个月只要花 1 000 块钱左右。我不离开自己熟悉的环境，不用搬去养老机构，节省了不少钱，同时又可以享受机构养老的专业服务。”

1. 该案例体现的是哪一种居家养老服务方式？

2. 哪些人群可以享受免费居家养老服务？居家养老服务内容有哪些？

第三章

居家养老服务内容与标准

居家养老服务是指老年人按照生活习惯，选择居住在家庭中安度晚年生活的养老方式。它以社区为平台，整合社区内各种服务资源，为老年人提供助餐、助洁、助浴、助医等服务。其服务方式包括上门服务、日间照料、个性化服务等。

章节概况

居家养老服务内容包括生活照料类、医疗护理类、紧急救援类、法律维权类、文化娱乐类、体育健身类、康复理疗类、精神慰藉类、适老化改造服务类等。居家养老服务内容均有服务标准和要求。

学习目标

1. 了解居家养老服务内容
2. 掌握居家养老服务标准

情景导入

陈婆婆只有一个女儿，自二十多年前丈夫去世后，陈婆婆便独自住在 13 平方米的昏暗低矮的瓦房里。因年久失修，瓦房外的雨棚在雨天随风飘摇。每天，陈婆婆都坐在门口望向巷口那头的精彩世界。两年前，她患上了白内障，双目几乎失明，那片世界从此也与她无缘了。更不幸的是，半年前，她又患上了腰骨疼痛，连移动到门口都成为一件奢侈的事情。陈婆婆多年独居，病痛缠身，又失聪、失明，已经很少有人真正倾听她的心声了，即使是她的女儿，也只是送来一日三餐，很少与母亲交谈。陈婆婆的女儿在照顾自己的家庭方面也面临着很大压力，无法照顾好母亲。

思考：

1. 如果你是一位社会工作者，你可以为陈婆婆提供什么服务？

____

____

____

____

2. 如果你是一位居家护理人员，你可以为陈婆婆提供什么服务？

____

____

____

____

第一节　生活照料服务内容与标准

生活照料服务是指为老年人提供饮食、起居、排泄、清洁等日常生活的帮助。这些服务包括但不限于：身体清洁、衣物穿脱、协助移动、喂食喂水、排泄物清理、仪容仪表修饰等。

一、生活照料服务内容及要求

（一）进食饮水照护

进食饮水照护可为老年人提供身体必需的营养和水分。老年人由于身体衰老或疾病的原因，容易出现进食、进水困难，无法正常摄取足够的营养和水分，进而影响老年人的健康。照护人员应准确识别老年人进食、进水困难的原因，能够及时发现影响老年人健康的因素，从而采取措施，保证老年人健康。

1. 导致老年人进食困难的原因

（1）咀嚼困难。

食物进入口腔内首先被咀嚼，若由于某些原因，老年人无法咀嚼，只是将食物含在嘴里，或咀嚼费力，无法将食物顺利咀嚼成食团，出现咀嚼障碍，则影响老年人正常进食。此时，老年人喜欢咀嚼蛋糕、面包、面条等较软的食物，或喜欢将食物泡软后食用。

（2）吞咽困难。

食物进入口腔经咀嚼与唾液混合形成食团后，由舌运动将食物通过口腔运送至咽部，到咽部经吞咽动作进入食道并运送至胃内。吞咽困难是指食物从口腔至胃的运送过程中受阻而产生咽部、胸骨后或食管部位的梗阻停滞感觉。老年人常主诉“粘住”“停住”“挡住”“下不去”等症状，或出现剧烈咳嗽、突然喷出食物的呛咳症状。

（3）进水困难。

水无需咀嚼，但吞咽水的难度较吞咽食物的难度大。进水困难是指无法正常顺利地将水从口腔运送至胃内，在吞咽水的过程中出现呛咳的现象。

2. 导致老年人进食饮水困难的因素

（1）精神、心理因素。

老年人精神差、情绪不佳、食物不合胃口，均影响其正常进食，此时咀嚼、吞咽功能均无异常，且未出现呛咳，仅仅表现为不愿进食。

（2）体位因素。

有利于老年人进食、进水的体位首先是端坐位、半坐位，其次是侧卧位。容易引起进食、进水困难的体位是仰卧位，老年人出现呛咳或主诉吞咽异物感，但当变换体位后症状消失、无不良主诉，即表示进食、进水困难与体位有关。

（3）生理因素。

老年人由于牙齿松动或缺失导致咀嚼困难，无法咀嚼较硬的食物，无法顺利将食物变成食团，造成进食困难。

（4）疾病因素。

抑郁症或痴呆：患有抑郁症时，老年人情绪低落或烦躁，不愿进食、进水；患有痴呆时，有些老年人仅仅将食物、水含在嘴里，不咀嚼、不吞咽，且无法与其正常沟通，劝解后无反应。

口咽部疾病：口咽部损伤会使老年人咀嚼、吞咽困难。在咀嚼和吞咽过程中，老年人主诉有疼痛感，例如口咽炎、咽肿瘤、咽后壁脓肿等。

食管疾病：食管炎、食管良性肿瘤、食管癌、食管肌功能失调、甲状腺极度肿大等可使老年人主诉食管某部位有异物感，食物、水无法顺利通过食管到达胃内，或过程延长。其中食管癌是重要病因。

神经、肌肉疾病：患有脑血管病的老年人出现面瘫、舌无力，可导致咀嚼困难、食物无法顺利经口腔运送至咽部，有流涎、言语不清等症状。延髓麻痹、重症肌无力、有机磷杀虫药中毒、多发性肌炎、皮肌炎、环咽肌失弛缓症等也会造成老年人吞咽困难、饮水呛咳。

全身性疾病：狂犬病、破伤风、肉毒中毒、缺铁性吞咽困难等，也可引起老年人吞咽困难。

进食照护的操作准备、餐前评估和操作步骤如表 3－1 所示。

表 3－1　进食照护的操作准备、餐前评估和操作步骤

操作准备	（1）用物准备：根据需求，准备餐具、食物、围裙、纸巾等。 （2）护理员准备：服装整洁，洗净双手。 （3）老年人准备：洗净双手。

续表

餐前评估	(1) 是否需要大小便，并根据需要协助。 (2) 是否需要佩戴义齿，服用餐前口服药。
操作步骤	(1) 沟通：提醒老年人进食，询问有无特殊需求。 (2) 移动：将备好的菜肴放至餐桌适当位置，并协助老年人移至餐桌。 (3) 摆放体位：根据老年人自理程度及病情采取适宜的体位（轮椅坐位、床上坐位、半坐位等），为老年人戴上围裙或颌下垫巾。 (4) 协助进餐：将已准备好的食物及餐具摆放在餐桌上。可自行进餐者：介绍菜肴，指导老年人上身坐直并稍向前倾，头稍向下垂，进餐时细嚼慢咽，不要边进食边讲话。不可自行进餐者：由护理员喂食（若为偏瘫者，坐在老人健侧），介绍菜肴，取少许食物，用掌侧腕部感受并估计食物温热程度，询问老年人需要的菜肴，小心喂食。若以汤匙喂食，勺子与嘴唇呈水平状态，每喂食一口，等看到老年人完全咽下后再喂食下一口，食物量以汤匙的 1/3 为宜。 (5) 整理：协助老年人进餐后漱口，擦拭口角，撤下餐具。叮嘱老年人保持进餐体位 30 分钟后再卧床休息。清洗餐具并放回原处备用，必要时进行消毒。

进食照护注意事项：

1. 对咀嚼退化或吞咽功能障碍者，应将食物切碎、搅拌后再喂食。
2. 时刻观察老年人的进食反应，若遇不良情况应及时停止进食。
3. 对身体功能有障碍但无完全功能消失的老年人应辅助进食，支持老年人自主进食，维持身体功能。

（二）床上擦浴照护

床上擦浴照护是指为不能自行沐浴的卧床老年人提供洗浴服务，保持老年人身体的清洁与舒适，预防感染和压疮等并发症。

床上擦浴照护的操作准备、操作评估和操作步骤如表 3-2 所示。

表 3-2 床上擦浴照护的操作准备、操作评估和操作步骤

操作准备	(1) 用物准备：根据需求，准备 50%酒精、肥皂或沐浴液、棉签、胶布、弯盘、梳子、指甲钳、水温计（需要时）、治疗巾、大毛巾、小毛巾、脸盆、水桶（2 个，一个内盛 41℃～46℃温水，另一个接盛污水）、清洁衣裤和被服、便盆及便盆布、屏风、治疗碗、棉球、血管钳或镊子、手套、消毒液。 (2) 护理员准备：服装整洁，洗净双手。 (3) 老年人准备：问“二便”，按需要给予便盆。
操作评估	患者病情、意识、自理能力、皮肤情况（感觉、完整性）、合作程度。
操作步骤	(1) 沟通：告知床上擦浴的目的、配合方法。 (2) 摆放体位：根据病情协助老年人取合适体位（侧卧位、平卧位）。 (3) 脸部擦洗：洗脸、颈；手套式持巾→眼睛（内眦→外眦）→脸→颈部→耳后→换水。 (4) 胸腹部擦洗：1）肥皂毛巾擦（需要时）→湿毛巾擦→拧干毛巾擦；2）肩部→锁骨中线→乳房→腋中线→下腹部；3）胸骨上窝→脐部→耻骨联合；4）用大毛巾擦干。 (5) 上肢体擦洗：1）近侧→远侧；2）颈外侧→肘部→手背；3）腋窝→肘窝→手心；4）协助侧卧（面向护理员）→泡手→换水。 (6) 背部擦洗：颈后→背部→骶尾部→大毛巾擦干→换水。

续表

操作步骤	(7) 下肢体擦洗：1) 协助老年人平卧位，脱裤子；2) 髂嵴→大腿外侧→外踝；3) 腹股沟→大腿内侧→内踝；4) 臀下→腘窝→足跟→换水；5) 泡足（双足分别泡于盆中洗），之后用大毛巾擦干。 (8) 会阴擦洗：1) 左手戴手套→消毒阴阜→会阴（自上而下、由内向外）；2) 女性：尿道口→阴道口→小阴唇→大阴唇→阴阜→大腿内侧→会阴→肛门；3) 男性：尿道口周围绕阴茎至根部→阴囊→肛门。 (9) 擦浴结束，协助老年人穿好衣裤，盖上盖被；协助老年人取舒适体位；整理床单，开门窗通风，整理用物。

床上擦浴照护注意事项：

1. 全程注意老年人隐私保护，关门关窗并做好保暖工作，防止老年人受凉。
2. 洗浴过程中及时换水、换盆、换毛巾。
3. 皮肤褶皱处应擦洗干净，防止湿疹。
4. 动作轻柔，减少翻动。
5. 用品专人专用，及时清洗。

(三) 口腔清洁

口腔清洁是指护理员用棉签蘸取清水或清洁溶液帮助无法自主进行口腔清洁的老年人完成漱口的过程。

口腔清洁的操作准备、操作评估和操作步骤如表 3-3 所示。

表 3-3 口腔清洁的操作准备、操作评估和操作步骤

操作准备	(1) 护理员准备：服装整洁，洗净双手。 (2) 老人准备：置于合适体位（平卧、半卧位、坐位）。 (3) 用物准备：漱口杯、漱口水、大棉棒（或牙刷牙膏）、毛巾、污物碗，必要时备润唇油 1 支。
操作评估	观察老人口腔卫生状况，有义齿者取下，向老人解释口腔护理的目的、方法、注意事项及配合要点。
操作步骤	(1) 沟通：携用物至老人身边，向老人解释，取得合作。 (2) 摆放体位：协助老人侧卧或仰卧，头偏向一侧。 (3) 协助护理：1) 取毛巾围于老人颌下，置漱口杯于口角旁，协助老人漱口（昏迷者禁忌），必要时湿润口唇；2) 擦洗或刷牙顺序：对、近侧上下齿咬合面→对侧上内侧面→上咬合面→下内侧面→下咬合面（由内向外，纵向擦洗到门齿）→弧形擦洗对侧颊部，同法擦洗近侧→硬腭、舌面及舌下；3) 协助老人漱口，擦干嘴唇；4) 再次查看口腔情况，确定是否清洗干净。 (4) 整理：撤去用物，询问老人有无不适及需要，协助老人取舒适体位，整理清洁用物。

口腔清洁注意事项：

1. 时刻注意老人的口腔健康，观察口腔黏膜有无破损。
2. 叮嘱老人不宜吃过烫或刺激性食物。
3. 对生活不能自理、认知障碍的老人进行操作时要预防误吸，避免发生呼吸道感染。

(四) 穿脱衣照护

穿脱衣是指护理员为不能自行穿脱衣物的老年人提供帮助。穿脱衣照护的操作准备、操作评估和操作步骤如表 3-4 所示。

表 3-4 穿脱衣照护的操作准备、操作评估和操作步骤

操作准备	(1) 环境准备：关闭门窗，保持室内温湿度适宜。 (2) 护理员准备：衣着整洁，洗净双手，保持双手温暖。 (3) 老人准备：取合适体位。 (4) 用物准备：备干净衣物，必要时备保暖用的小毛毯或披肩。	
操作评估	(1) 环境温湿度适宜。 (2) 了解老人身体状况、自理程度、肢体活动情况、偏瘫程度等。	
操作步骤	沟通：向老人解释，取得配合	
	穿脱对襟上衣	(1) 偏瘫者穿衣：站在老人麻痹侧，先帮老人穿麻痹侧的衣袖，健侧由老人自己穿（或协助）。 (2) 偏瘫者脱衣：站在老人健侧，解开上衣纽扣，先帮老人脱下健侧衣服，麻痹侧让老人自己脱（或协助）。 (3) 卧床者穿脱衣：1）解开上衣纽扣，一手扶住老人肩部，另一只手扶住髋部，协助老人翻身侧卧面向自己，脱去一侧衣袖（若老人一侧肢体偏瘫，应卧于健侧，患侧在上，先脱患侧）。2）取清洁上衣穿好一侧（或患侧）的衣服，其余部分（清洁的和被更换的上衣）平整地掖于老人身下。3）协助老人取平卧位，从老人身下拉出清洁的和被更换的上衣。脱下被更换的上衣，穿好清洁上衣另一侧衣袖（或健侧），扣好纽扣。4）平拉老人上衣的衣身、衣袖，确保身下拉出清洁的和被更换的上衣。脱下被更换的上衣，穿好清洁上衣另一侧衣袖（或健侧），扣好纽扣。
	穿脱套头上衣	(1) 偏瘫者穿衣：先将老人袖子卷起来，从袖口处伸进一只手将袖子套在自己的手上，并握住老人麻痹的手，另一只手将袖子套在老人麻痹侧的手臂上，再套头，将衣服拉至胸部，老人利用健肢套住另一侧衣袖，并平整衣服。 (2) 偏瘫者脱衣：站在老人健侧，先帮老人脱健侧衣袖，麻痹侧衣袖由老人自己脱，指导老人利用健肢将衣服上拉至胸部，最后脱掉上衣。 (3) 卧床者穿脱衣：协助老人将上衣下端上拉至胸部，一手托起老人头部，一手从背后向前脱下衣身部分。一手扶住老人肩部，一手拉住近侧袖口，脱下一侧衣袖，同法脱下另一侧衣袖。 (4) 卧床者穿衣：1）辨别套头衫前后，护理员将一侧衣袖卷起并伸入，握住老人手腕（或麻痹侧），将衣袖套入手臂，同法穿好另一侧；2）一手托起老人头部，一手握住衣身背部的下开口至领口部分，套入老人头部；3）协助老人将套头衫衣身向下拉平，整理衣服至平整。
	整理：协助老人取舒适卧位，确保老人衣服平整。	

穿脱衣照护注意事项：

1. 注意观察：有无瘫痪及程度；有无挛缩及程度；关节活动是否受限；肌肉力量如何；皮肤状态如何；有无痴呆症；是否清醒；脸色和心情如何；能否正常交流；能否保持坐位；能否保持立位；能否自行穿脱衣物及完成程度；室温如何；隐私保护如何。

2. 尽量减少皮肤或内衣的裸露时间，防止着凉。

3. 侧卧位时不能将患侧压在下面。

4. 请老人完成力所能及的事情。

二、老年人照护需求与标准

（一）服务需求

（1）食物的需要：注意老年人的膳食营养，为不能自理的老年人喂食和喂水。

（2）排泄的需要：帮助不能自理的老年人进行排便、排尿，及时清除排泄物。

（3）舒适的需要：营造安静、清洁、温度适宜的休养环境。

（4）活动和休息的需要：帮助老年人适当活动，并尽可能促进老年人的正常睡眠。

（5）安全的需要：防止老年人跌倒、噎食、误吸、损伤，保持皮肤的完整性。

（6）爱和归属的需要：营造良好的休养环境和人际环境，促进老年人的人际交往，帮助老年人及时与家人联系与沟通，并给予其精神上的关心。

（7）尊重的需要：运用沟通技巧，维护老年人的自尊，保护老年人的隐私。

（8）审美的需要：协助老年人的容貌、衣着修饰，使其保持良好的精神状态。

（二）服务要求

（1）用文字或图表反映个人生活照料服务的范围、内容、时间、地点、人员和服务须知。

（2）老年人居室做到清洁、整齐，空气清新、无异味。

（3）制定各项生活照料服务规范，能根据老年人的生理、心理特点提供优质的服务。

（4）提供生活照料服务的同时，贯彻尽可能长时间地维持和促进老年人自理能力的工作理念。

（5）对老年人个人生活照料服务应保留提供服务的文件和记录。

（6）根据检查程序对个人生活照料服务进行每日自查、每周重点检查、每月效果评估且有记录。

（三）人员（照护师）标准

（1）树立良好的服务形象，明确服务宗旨，增强服务意识。自尊自爱，和蔼热情。

（2）不得泄露老年人及其家属、亲友的家庭和工作地址、电话号码、电子邮件信息及其他私人信息。

（3）尊重老年人的生活习惯及合理要求。

（4）不擅自引领他人进入老年人家中。

（5）对老年人家事不说长道短。

（6）要有强烈的工作责任感，对工作要有耐心，对老年人要有爱心。

（四）服务标准

1. 生活照料

（1）提供生活照料服务的工作人员应经过专业培训，掌握相关知识及技能。

（2）关心、协助、帮助老年人的饮食、起居、排泄、睡眠等日常生活。

（3）服务过程中应配备能够提供相应服务的环境和设施设备，确保环境安全，注意保护老年人隐私。

(4) 应保留提供服务的相关资料和记录。记录应及时、准确、真实、完整，并由服务人员签字确认。

(5) 为老年人做身体清洁时，应做到皮肤、口腔、头发、手足、指（趾）甲、会阴部清洁无异味。

(6) 为老年人做衣物穿脱、修饰服务时，应做到面部清洁，穿着得体，衣裤整洁。

(7) 为老年人喂食喝水时，应根据老年人自理程度选择合适的喂食喝水方法，避免发生噎食、呛咳等意外。

(8) 保持卧室、厨房、卫生间等居室内部整洁，衣物用具及床单干净清洁。家用器具及时清洗消毒，清洁无异味。

(9) 收发洗涤衣物时，要当面清点并填写衣物交接单。衣物洗涤应严格按照操作规程进行，分类清洗，被血液、体液污染的衣物单独洗涤，先消毒，后清洗。洗涤完成应折叠后送还给老年人。

(10) 理发服务宜由专业理发人士提供，并尊重老年人的意愿。

(11) 洗浴时，注意根据季节气候变化，保持浴室温度适宜、通风。

(12) 洗浴前，应进行老年人健康状况预估并有安全提示，地面应防滑，及时清理积水，保证老年人洗浴服务过程中的安全。

(13) 助浴服务过程中，宜有家属或其他监护人在场协助。

(14) 外出助浴，应选择有资质的公共洗浴场所或配有公共浴室的养老机构。

(15) 食物及其原材料的采购、仓储、处理、烹饪加工、留样等均需严格执行食品安全操作规范，防止交叉污染。

(16) 食品加工及操作人员应持有效健康合格证明。

(17) 公示膳食服务流程、服务范围、用餐时间、就餐须知及每周食谱，并做好食谱存档。

(18) 根据营养学、卫生学的要求，结合老年人生活、地域特点和民族、宗教习惯，为其制定科学、合理的食谱，确保营养丰富、全面、均衡。

(19) 应由专人准时为老年人分餐，为行动不便的老年人提供送餐服务，送餐服务应配有专用送餐车辆和保温箱。

(20) 保持餐厅内环境卫生整洁，餐具清洁并定期消毒。

2. 代办服务

在合法、合理的范围内，为老年人提供代读、代写书信、代买（代领）用品、代缴费用等服务，满足老年人的实际需求。代办服务应符合以下要求：

(1) 对接受委托的代办事项，应按照口头或书面的约定，准确记录所代办事项的内容、要求，必要时，应当向委托人口述一遍委托事项，请委托人确认。

(2) 涉及现金的，应当面清点并核实。

(3) 代办委托服务，应当保护老年人隐私，不得向他人泄露老年人个人信息。

(4) 代办购物（包括网上购物）时，应向老年人说明商品的全部信息，提示可能存在的风险，得到老年人明确授权。

(5) 使用老年人个人设备（如手机、计算机等）提供代办服务时，应得到老年人或相关第三方的同意，并保证信息安全。

（6）应当保留代办服务的相关记录。

3. 助行服务

根据老年人的体力、活动障碍程度，提供助行服务。使用助行器具时应检查各部件是否完好完备，按助行器具的使用说明进行操作。助行活动宜在老年人住宅周边区域内进行，注意途中安全，防止意外情况发生。

拓展阅读

陈某，男，63岁，曾任行政领导多年，工作上勤勤恳恳，具有良好的口碑。三年前退休，现与老伴住在一起，儿女都在外地工作，一年难得来几次。退休后他每天就是帮着老伴买菜、做家务，渐渐感到时间过得很慢。早上起床后感到没什么事可做，十分无聊，心里有一种说不出的失落感，常坐在那里叹气，闷闷不乐。老伴发现他不如以前那么开朗了，问他有什么烦心事，他也不说，劝他去公园走走，他也不感兴趣。他说不知道怎么安排生活，觉得自己是一块朽木，老了，最近饭量也小了，身体也没以前好了。

案例问题分析

1. 个人问题

（1）年龄方面：陈某63岁，刚进入老年阶段。这一阶段，老年人接受新事物的能力下降，往往故步自封，还按照自己以前的生活方式去生活。别人把自己奉为老人，口口声声“老人家”“老前辈”，使陈某极易产生迟暮之感，从而生活态度越来越消极。

（2）身体方面：随着年龄的增长，陈某身体机能衰退。近来食量减小，身体素质下降，很少进行身体锻炼。

（3）精神方面：陈某退休后生活变得很清闲，无所事事，感觉比较空虚。时间长了便会意志衰退，情绪消沉，从而加速生理上的衰退和心理功能的降低。

2. 家庭问题

陈某与老伴住在一起，儿女在外地工作，很少回家，和儿女的情感交流少了，隔阂加深。由于缺少儿女的照顾和关怀，老人感到被儿女冷落，两位老人经常会产生寂寞感。尤其是陈某觉得自己退休后，在家里的地位也发生了变化，以前孩子还经常打电话回来，遇到什么事情了，还向他征询意见，可是现在不会这么做了。

3. 社会问题

（1）社会环境对陈某造成一定影响。社会的快速发展让老年人在社会化的过程中落后于他人，而且社会没有充分提供老年人社会化的机会和服务，社会政策通常注重为老年人提供基本的身体和物质保障，并没有满足其心理需求和社会需求，对于老年人的关注不够。

（2）传统的中国文化重视天伦之乐，儿孙绕膝、含饴弄孙，仍然是许多具有传统思想的老人的追求。可是随着中国的社会变迁，大家庭解体，社会结构变成以核心家庭为基础，还有工作调动、人口流动、住房紧张、年轻人追求自己的自由与生活方式等，都造成年轻人不能或不愿与父母住在一起。老人的期待落空，孤独、空虚、寂寞、伤感、精神萎靡、顾影自怜，再加上体弱多病，更加重了其生理、心理状况的恶化。

（3）就目前我国社区的情况而言，一般社区没有充分利用社区资源与服务，没有关注到空巢老人，没能很好地为空巢老人提供多彩的老年生活，因而陈某不能很好地融入社会的活动，这在一定程度造成了陈某心理上的孤单。

第二节 医疗护理服务内容与标准

一、心脑血管疾病管理与照护

（一）老年高血压

1. 诊断

老年高血压是指年龄大于 65 岁的老年人，在未使用抗高血压药物的情况下，血压持续或非同日三次以上收缩压≥18.67kPa（140 mmHg）和（或）舒张压≥12kPa（90 mmHg）。如仅有收缩压升高，≥18.67kPa（140 mmHg），舒张压正常，≤12kPa（90 mmHg），诊断为收缩期高血压。高血压可分为原发性高血压和继发性高血压。高血压是引起冠心病、心力衰竭、脑卒中和缺血性肾病的主要原因。

2. 日常管理与照护

（1）指导和督促高血压患者合理饮食：高血压患者饮食要符合“二多三少”的原则，即多蔬果、多高纤维（糙米、大麦、燕麦、坚果），少油脂、少调味料（少糖、少盐、少味精）、少加工食品。每日饮食中含钠量不超过 2.4g（相当于食盐 6g），低钠饮食可降低收缩压 2～8 mmHg，但应警惕过度限盐而导致低钠血症。油脂选择以多元不饱和脂肪酸含量较高的为主，如葵花籽油或橄榄油。

（2）高血压患者吸烟和饮酒的管控：最好完全禁烟，避免吸二手烟。最好不饮酒，如饮酒，建议少量。正常情况下，男性每日摄入的纯酒精量应不超过 25 克，女性摄入量不超过 15g，高龄老年人在此基础上酌减。

（3）提倡并指导高血压患者进行适量有氧运动，以游泳、快步走、慢跑等为主；避免剧烈运动。运动强度以维持微喘与流汗的程度为佳，依据身体情况进行调整。如快步走，每周 5 次，每次 30～60 分钟。

（4）加强高血压患者对体重控制的宣教：通过适当节食和运动，将体重控制在理想水平，BMI 控制在 $25kg/m^2$ 以下为佳。

（5）加强高血压患者的心理疏导和心理支持：帮助老年人及其家属正确认识高血压病，让他们认识到高血压及其并发症是可防可治的，从而做到在治疗上重视、在心理上轻松应对。指导患者运用心理放松技术，如音乐治疗、缓慢呼吸等放松心情，从而有利于降压。

3. 用药管理与照护

（1）指导患者正确服药：帮助患者正确认识每种药物的基本作用、服用剂量、时间和注意事项等。

（2）指导患者正确监测血压，并遵循血压测量“三要点”：安静放松、位置规范、读数精准。测量血压时去除可能有影响的因素（测量前 30 分钟内禁止吸烟、饮咖啡或茶等，排空膀胱），安静休息至少 5 分钟。测量时取坐位，双脚平放于地面，放松且身体保持不动，不说话。

（3）向患者讲解低血压的表现，并教授患者简单易行的处理方法：服药后如有晕厥、恶心、乏力等低血压表现，立即平卧，并取头低脚高位增加脑部血流量，同时监测血压，如经上述处理血压仍低，则紧急寻求医疗救助。

（4）向患者讲解高血压的表现，并建议随身携带短效降压药物，如卡托普利片或硝苯地平片，如出现头痛、头晕、恶心、嗜睡及睁不开眼的高血压表现，测血压≥180/110 mmHg，可口服卡托普利 12.5～25mg 或硝苯地平 10mg，并监测血压，如血压下降不明显或出现心、脑、肾急性并发症，则紧急寻求医疗救助。

（5）通过宣教，使高血压患者及配合人员知晓身体出现其他疾病时要及时询医，及时调整降压药物；当严重腹泻时，需要暂停或者减少降压药物的服用。

（6）慎用高钠抗酸剂及治疗感冒和鼻窦炎的非处方药物，这些药物中含有对高血压疾病不利的血管收缩剂。

（二）老年冠心病

1. 定义和分型

冠状动脉粥样硬化使血管腔狭窄或阻塞，和（或）因冠状动脉功能性改变（痉挛）导致心肌缺血缺氧或坏死而引起的心脏病，统称冠状动脉性心脏病（coronary heart disease），简称冠心病。冠心病分为急性冠脉综合征和慢性冠脉疾病，其中急性冠脉综合征包括不稳定性心绞痛、急性 ST 段抬高型心梗和急性非 ST 段抬高型心梗和猝死，慢性冠脉疾病包括稳定性心绞痛、无症状性心肌缺血、缺血性心脏病和冠状动脉微血管疾病。

2. 日常管理和照护

（1）指导患者合理膳食。提倡清淡饮食，多食用富含维生素 C 的新鲜蔬菜和水果。少食多餐，避免过饱、过多饮水。限制总热量的摄入，维持适宜体重，限制脂肪特别是动物性脂肪、胆固醇的摄入，少食用精制糖类。

（2）指导患者进行适当的体力劳动和体育锻炼。生活有规律，劳逸结合，提倡适当的体力劳动和体育锻炼，运动量根据身体情况循序渐进，以不过多增加心脏负担和不引起不适为原则。运动形式可以是走路、慢跑或者游泳等，频率推荐 3～7 天/周，运动时间 30～60 分钟，运动刚结束时的心率保持在（220－年龄）×(50%～70%)。避免过度劳累和冬天迎风走路。

(3) 提倡并督促患者戒烟限酒。吸烟是冠心病的危险因素，应提倡戒烟。可少量饮酒。

(4) 重视患者大小便通畅。指导患者养成良好大小便的习惯，嘱患者忌过度用力排便，必要时给予通便药。

(5) 帮助老年人正确认识冠心病。冠心病及其并发症是可防可治的，做到在治疗上重视、在心理上轻松应对。

(6) 通过宣教使患者和家属了解情绪稳定的重要性，消除紧张心理，学会放松，必要时指导患者做松弛训练，避免情绪激动。

3. 用药管理和照护

(1) 指导患者正确服药。帮助患者正确认识每种药物的基本作用、服用剂量、服用时间和注意事项等。

(2) 指导患者遵医嘱进行相关指标的监测和复查。监测血压、BMI，定期复查血糖、血脂、肝肾功能、凝血功能以及心电图、心脏超声和冠状动脉 CT 检查等；定期复诊，调整治疗。

(3) 指导服用抗血小板药物的患者观察出血情况。注意皮肤有无瘀斑、出血点及大便性状等；如有异常，及时进行医疗咨询或者急诊就医。

(4) 向患者和/或陪护人员讲解日常急救用药和使用时间，如硝酸甘油和速效救心丸等；帮助患者准备急救小药盒并随身携带，定期帮助患者检查药物失效期并及时更换。

(5) 新发其他疾病时，指导患者调整药物，监测药物可能出现的不良反应等，必要时联系转上级医院诊治。

(三) 老年脑血管病

脑血管病是指发生在脑部血管，因颅内血液循环障碍而造成脑组织损害的一组疾病。临床上以急性发病居多，多为中、老年患者，通常分为出血性和缺血性两类。

1. 老年脑血管疾病分类

(1) 短暂性脑缺血发作（TIA）。

一过性偏瘫、单瘫、感觉缺失、失语、失明等，24 小时内症状体征均消失，但可反复发作。

(2) 脑血栓形成。

多在夜间或休息中发病，发生局灶性脑梗死从而出现相应症状，如偏瘫、失语等。症状于数小时甚至 1～2 天内加重，后逐渐恢复。

(3) 脑栓塞。

通常发生在患者活动中，血栓常来源于房颤，形成局灶性脑梗死，发展迅速。

(4) 脑出血。

多由于动脉瘤破裂引起，好发于内囊，常见病灶对侧的偏瘫、偏身感觉障碍和偏盲；根据血肿发生部位产生相应的体征。

(5) 蛛网膜下腔出血。

多由于先天性动脉瘤或动静脉畸形破裂，出现剧烈头痛、呕吐以及脑膜刺激征的典型临床表现。

2. 一般管理与照护

（1）环境及卧位。

环境应安静舒适，卧床患者应根据病情安排适当体位。出血性脑血管病患者应绝对卧床休息4～6周，头部抬高15°～30°，头偏向一侧，以利于呕吐物排出。

（2）饮食照护。

保证足够的热量、蛋白质、维生素和水的摄入，以满足机体康复的需要。为患者提供便利的进食工具；制作适合患者的食物；注意进食速度，避免误吸。如患者不能经口进食，为患者留置胃管，指导陪护者进行鼻饲喂食及胃管护理等。

（3）活动照护。

患者病情稳定后，应尽早下床活动。注意事项：下床活动宜于进食后30～60分钟后进行，以免导致呕吐；下床前，协助患者进行肢体关节活动，松弛骨骼肌肉；患者坐于轮椅上，应予以适当支托，必要时使用约束衣或床单、枕头等物固定；下床行走应注意安全，避免跌倒。

（4）用药的管理和照护。

1）使患者和陪护者，特别是陪护者了解患者所用药物名称、服药时间、服药注意事项和不良反应的辨识。

2）使用缓解脑血管痉挛药物时，应密切观察患者有无多汗、心悸、胃肠不适等不良反应。使用抗凝抗血小板药物时，注意观察患者牙龈、皮肤、大小便等，及早发现出血倾向。

3）指导并督促患者进行必要的监测，如体重、血压、血糖、血脂和出凝血指标等。

（5）语言功能康复。

1）为患者提供简单的表达基本需求的方法，如手势、图片、卡片等。

2）耐心平静地重复问题，并向患者叙述问题，让患者能够用“是”“不是”或点头、摇头来回答。

3）尽可能创造语言环境，鼓励家属与患者多进行沟通交流。

（6）运动功能康复。

1）协助患者进行功能锻炼，对患侧和健侧均进行关节活动度训练，指导鼓励患者用健侧带动患侧进行功能锻炼。

2）提倡早期康复训练，依据患者神经系统障碍的程度制定康复训练计划，并定期随访指导和督促患者进行康复训练。

3）指导患者梳头、穿衣和洗漱，指导患者检查自己的患肢，并保护其免受伤害。

4）一级预防和二级预防。对有危险因素的老年人进行一级预防宣教和治疗，对已发生过脑血管疾病的老年人制定二级预防策略，指导老年人及其家属进行治疗和预防。

二、呼吸系统慢病管理与照护

呼吸系统慢病是指长期、持续或反复发作达3年以上的呼吸系统疾病，主要包括：慢性阻塞性肺疾病、支气管哮喘、睡眠呼吸暂停综合征、支气管扩张、弥漫性肺间质纤维化、慢性纤维空洞型肺结核等。目前全世界死于呼吸系统疾病者几乎占全部死亡病例的1/4。社区居民患呼吸系统慢病，导致患者经济负担不断增加。加强呼吸系统慢病的管理和照护、尽量控制疾病发展、延长患者的寿命、减轻患者的痛苦、最大程度改善患者生活质量是非常重要的。呼吸系统慢病中慢性阻塞性肺疾病较为常见。

（一）概述

慢性阻塞性肺疾病（chronic obstructive pulmonary crease）简称慢阻肺，是一种严重危害人类健康的常见病、多发病，给患者和社会造成了巨大负担。我国40岁以上人群中慢阻肺患病率为8.2%，70岁以上老年人慢阻肺患病率高达20%～30%，且其随着年龄增加患病率呈上升趋势。

慢阻肺是一种以持续气流受限为特征的可以预防和治疗的疾病，其气流受限多呈进行性发展，与气道和肺组织对烟草、烟雾等有害气体或有害颗粒的慢性炎症反应增强有关。慢阻肺主要累及肺部，但也可引起全身（或称肺外各脏器）的不良效应。慢阻肺最常见的呼吸系统症状包括：呼吸困难、咳嗽或咳痰；其最主要的危险因素是吸烟、生物燃料暴露、空气污染和宿主因素；其可存在多种并发症，主要包括自发性气胸、慢性呼吸衰竭、慢性肺源性心脏病和睡眠呼吸障碍等。

（二）照护

（1）饮食照护。在饮食上要清淡，均衡摄入维生素、蛋白质、纤维素、微量元素，少量多餐，多食蔬菜、水果，保持大便通畅；慎食辛辣油腻食物。

（2）用药照护。正确、规范使用吸入剂对于慢阻肺患者改善症状非常关键，但老年患者对正确使用吸入剂的方法和知识掌握不足，接受能力差，需加强教育引导，使其能够正确地使用吸入药物，达到良好的治疗控制效果，从而减少药物的不良反应。

压力定量气雾吸入器：使用此种吸入装置的气雾剂有万托林气雾剂、爱全乐气雾剂、必可酮气雾剂、普米克气雾剂等。使用方法为：1）开盖摇匀；2）尽量呼气；3）将喷嘴含在口中；4）用力按下并深吸气；5）尽量屏住呼吸；6）慢慢呼气；7）清水漱口。注意事项：1）首次或超过一周未使用时，先向空气中试喷；2）注意摇匀；3）注意清洗：将药罐拔出，用温水清洗吸入器、晾干，然后把药罐放回原处，建议至少一周一次。

干粉吸入器：干粉吸入器是通过使用者主动吸入空气的动能分散药物微粒，干粉颗粒的流速与使用者的吸气流速相吻合。国内常用的干粉吸入器有：布地奈德福莫特罗粉吸入剂、沙美特罗替卡松气雾剂、噻托溃铵粉吸入剂。布地奈德福莫特罗粉吸入剂的使用方法：1）旋转并移去瓶盖；2）一手拿瓶身，另一手握住底盖，向某一方向旋转到底，再向其反方向旋转到底，听到“咔”的一声，即完成一次剂量的充填；3）吸入之前呼气，不可对着吸嘴呼气，将吸嘴含于口中，并用力、深长吸气，即完成一次吸入动作；4）吸药后，将吸入器从嘴部移开，屏气5～10秒，然后呼气；5）用完后盖上盖子并拧紧。

三、代谢内分泌系统疾病管理与护理

常见的内分泌代谢性疾病有以下几类：第一类是甲状腺疾病，包括单纯性甲状腺肿、甲状腺功能亢进症、甲状腺功能减退症和甲状腺炎；第二类是垂体疾病，包括垂体瘤、垂体功能减退等；第三类是肾上腺疾病，包括肾上腺皮质增多症，比如库欣综合征、原发性醛固酮增多症、原发性慢性肾上腺皮质功能减退症等。

在内分泌代谢性疾病里面，最常见的是糖尿病，包括一型糖尿病、二型糖尿病、妊娠糖尿病以及特殊类型糖尿病。

（一）概述

糖尿病（diabetes mellitus，DM）是十分常见的衰老相关疾病或老年慢性病，是一组由胰岛素分泌和（或）作用障碍所致的以慢性血糖升高为特征的代谢性疾病。持续高血糖与长期代谢紊乱可导致全身组织器官受损，尤其表现在眼、肾、心血管及神经系统的损害及功能障碍。

老年糖尿病患者包括 60 岁以后才发病，或者 60 岁以前已发病但延续至 60 岁以后的老年患者。老年糖尿病患者以二型糖尿病为主，极少数为成人隐匿性自身免疫性糖尿病（latent autoimmune diabetes in adult，LADA）。老年人各器官的生理功能逐渐衰退，机体处理糖的能力也逐渐减弱，表现为血糖升高、尿糖阳性，常伴有低血糖反应，可引起糖尿病大血管并发症（心脑血管疾病和外周动脉疾病）和糖尿病微血管病变（糖尿病肾病、糖尿病视网膜病变和糖尿病神经病变）。同时，糖尿病也是造成老年人多重用药、跌倒骨折、认知障碍、焦虑抑郁、慢性疼痛、尿便失禁、衰弱等老年综合征以及功能下降和致残的高风险疾病之一，严重影响老年人的生活质量。

（二）管理

对老年糖尿病患者的有效管理需要强调安全性、糖尿病预防、早期治疗心血管疾病以及由于肢体问题、眼部疾患、卒中而需要的残疾功能评定。此外，在老年阶段，预防和管理其他与糖尿病相关的并发症及相关情况，如认知功能障碍、功能性依赖、抑郁症等已成为重中之重。

（三）常规照护

（1）针对老年患者尿失禁、尿潴留及尿路感染，建议进行盆底肌肉训练（PFMT）并随访，注意去除或控制尿路感染易感因素，如前列腺增生、梗阻及高血糖等，如有夜间尿频，建议控制晚餐后摄入过多水分，注意保暖等。防止老年糖尿病患者因过度控制饮食、纤维素摄入不足、胃肠功能低下以及腹肌收缩力降低等原因而引起便秘，如有便秘，可适当多吃一些富含纤维素的食物，也可采用清晨饮一杯水等通便措施，鼓励老年人在有便意时及时排便。

（2）清洁照护。需要做好皮肤清洁护理，防止感染；要定时洗澡更衣，保持皮肤干燥清洁；床单要整洁、平整、无皱褶、无碎屑。

（3）褥疮照护。长期卧床的患者需警惕褥疮发生，要求建立床头翻身卡，定时翻身，一般每 2～3 小时更换体位 1 次，注意翻身技巧，采用侧身 30°斜角，以缓解骨突部位的压力，注意保护患者足跟等易受压部位。

（4）下肢静脉血栓照护。长期卧床的老年糖尿病患者还需警惕下肢静脉血栓形成，酌情抬高患肢，如有下肢轻度水肿，可使用医用弹力袜。

（5）心理照护。糖尿病患者可出现较明显的抑郁症状，应根据每个老年人的不同问题进行心理指导，介绍糖尿病知识，使他们了解血糖控制在一定范围内是不会破坏重要脏器的，如果血糖能控制好，就能减慢疾病发展，延长生命；保持心情愉快，性格开朗，对稳定糖尿病有一定帮助。因为老年糖尿病患者多有视听缺陷、接受教育能力差等特点，所以应评估每位患者的学习社会文化能力，因人而异，耐心、诚恳地倾听患者诉说，充分了解患者的心理，引导其面对现实，保持稳定情绪，增强适应能力，妥善处理心理社会问题，纠正不良行为习惯。应充分认识到老年糖尿病患者的需求，实行社会心理干预，使患者获得自我管理能力，增强战胜疾病的信心，延缓并发症的发生，提高生活质量。

（四）并发症照护

（1）低血糖。研究发现，老年糖尿病患者严重低血糖的年发生率约为2%，应教会患者掌握低血糖反应表现及处理方法，并告知患者常备一些含糖的零食，还应携带标识患有糖尿病的身份卡，以备失去知觉时能得到及时救治，严防漏服或重复服用降糖药物。

（2）糖尿病足。对糖尿病患者足溃疡进行确认，开展早期教育和指导。主要内容包括明确糖尿病足发生的危险程度、向患者讲授有关足部保健的知识及有效控制血糖的重要性，最重要的是定期对足部进行检查。指导患者穿合适的鞋袜也尤为重要，鞋的大小以超过拇指半寸为宜，要宽松，鞋底要有弹性。同时注意每天用温水洗脚，彻底擦干，尤其是足趾之间。定期护理趾甲，不要把趾甲剪得深至甲沟或剪得太短。目前，局部氧疗对糖尿病足的治愈率达70%以上。

拓展阅读

1. 糖尿病患者的分类

国际糖尿病联盟（The International Diabetes Federation，IDF）在《老年二型糖尿病管理全球指南》中推荐对老年糖尿病患者进行分层管理，该指南将老年糖尿病患者分为3类共4组：第1类是指患者生活独立，日常生活活动能力未严重受损，无需照护者；第2类是指患者生活不能自理，日常生活活动能力严重受损，洗澡、穿衣、自我照顾均有困难，需要照护者；第3类患者为晚期的余寿不长者，有严重的伴发疾病或肿瘤，预期寿命不到1年。

该指南还将第2类患者进一步细分为A、B组：A组患者的特点是虚弱，往往有明显的乏力，近期体重降低、活动力严重受限、易跌倒；B组患者特点是痴呆，体力尚可但认知能力严重减退。

2. 常用降压药物

钙通道阻滞剂（calcium channel blocker，CCB）：最常用于降压的是二氢吡啶类钙通道阻滞剂，如氨氯地平、硝苯地平缓释片和控释片等。此类药物降压作用强，耐受性较好，无绝对禁忌证，适用范围相对广，老年单纯收缩期高血压等更适用。最常见的不良反应是头痛、踝部水肿等。

血管紧张素转化酶抑制剂（angiotensin converting enzyme inhibitor，ACEI）和血管紧张素Ⅱ受体拮抗剂（angiotensin receptor blocker，ARB）：这两类药物的降压作用明确，尤其适用于心力衰竭、心肌梗死后、糖尿病、慢性肾脏疾病患者，有充足证据证明可改善预后。但双侧肾动脉狭窄、严重肾功能不全及高血钾的患者禁用。ACEI类药物易引起干咳，若无法耐受，可换用ARB。这两类药物均有引起血管神经性水肿的可能，但少见。

利尿剂：噻嗪类利尿剂较为常用。尤其适用于老年人、单纯收缩期高血压及合并心力衰竭的患者。噻嗪类利尿剂的主要副作用是低钾血症，且随着利尿剂使用剂量的增加，低钾血症发生率也相应增加，因此建议小剂量使用。利尿剂与ACEI或ARB类药物合用可抵消或减轻低钾的副作用。痛风患者一般禁用噻嗪类利尿剂。

β受体阻滞剂（beta-blocker，BB）：可降压、降低心率，尤其适用于心率偏快的患者，常与二氢吡啶类钙通道阻滞剂合用。β受体阻滞剂可降低心率，禁用于严重心动过缓患者，如心率<55次/分、病态窦房结综合征、二度或三度房室传导阻滞。哮喘患者禁用。

固定复方制剂：近年来由上述五大类药物组合而成的固定剂量复方制剂，由于服用方便，易于长期坚持，已成为高血压治疗的新模式，推荐使用。

其他有明确降压效果的药物包括复方利血平、氨苯蝶啶片等，根据患者情况仍可使用。

第三节　紧急救援服务内容与标准

一、居家养老紧急救援服务的概念

居家养老紧急救援服务是指在政府主导下，以家庭为基础，以新技术为支撑，以居家养老的老年人的安全需求为导向，由政府和社会力量依托社区，在居家养老的老年人遇到突发紧急情况时为其提供的应急救援服务，是我国居家社区养老服务的重要组成部分。具体而言，从居家养老紧急救援服务提供者角度，政府、企业、社会组织、社区、家庭共同为老年人提供紧急救援服务，保障老年人居家安全。从服务内容看，居家养老紧急救援服务应当包括医疗紧急救援服务，日常就医陪诊、生活应急帮助服务，日常安全关爱服务，为防止走失、意外发生的位置及健康体征智能监测服务。从服务提供方式看，居家养老紧急救援服务应当以新技术为支撑，通过智能服务平台，整合120急救医疗资源、社区助老资源、家庭照护资源，为老年人提供建立个人健康档案、防走失、远程关怀、24小时自动值守报警等服务，从而实现线上、线下居家养老紧急救援服务供给。

二、需求

老年人居家养老过程中对日常生活照料、医疗护理、紧急救援、精神慰藉等方面存在着各种各样的需求，而紧急救援关系到老年人的生命安全，是所有需求当中最重要也是最基本的需求。无论老年人健康与否、收入多少、年龄大小，都有可能突发疾病，面临意外伤害的风险，全体老年人都需要紧急救援服务，保障居家养老安全。

空巢独居老人由于子女不在身边，一旦突发疾病，老人自己可能无法有效拨打紧急求助电话或拨打急救电话后无法清晰地表达家庭住址、疾病状况等院前医疗急救的重要信息，这些现象甚至导致空巢独居老人猝死在家中很久才被发现。另外，即使空巢独居老人可以顺利呼出求救电话，在紧急情况下也很难临时找到合适的人或者服务单位协助 120 接车、陪诊看病、办理各类住院手续，需要居家养老紧急救援服务中心人员提供医疗紧急救援服务。

三、供给

我国老年人居家养老紧急救援服务处于起步阶段。在推动居家养老紧急救援服务建设方面，国务院及各部委出台《关于全面推进居家养老服务工作的意见》（全国老龄办发〔2008〕4 号）、《关于加快发展养老服务业的若干意见》（国发〔2013〕35 号）等政策文件。相关部门围绕紧急救援呼叫器、安全援助服务、健康监测、异常预警等制定居家养老紧急救援服务宏观指导文件，推动居家养老紧急救援服务与互联网信息技术的整合，促进居家养老紧急服务体系建设，满足老年人居家养老安全的需求。自 2008 年我国开始推动居家养老紧急救援服务建设至今，居家养老紧急救援服务内容已从单一的紧急救援扩大到异常预警、健康监测、紧急救助呼叫三位一体的服务体系。

老年人出现紧急状况多发生在家中，但是由于居家养老的老年人居住分散，在家中发生意外不易被发现，往往因得不到及时的救治而导致严重后果，因此，紧急救援服务被视为居家养老服务中的关键一环。北京、上海、浙江、广东等地的居家养老紧急救援服务走在全国前列，通过“紧急医疗救援呼叫器”“安康通”“援通”“平安通”等服务平台为居家老年人提供紧急救援服务。四线、五线城市仍然通过传统的方式，老年人联系社区或者自己拨打 120 医疗急救热线。

经过多年的探索与发展，我国居家养老紧急救援服务取得一定的成效，但是也存在政府政策和资金支持力度小、财政效率低、覆盖范围狭窄、技术支撑不足等问题，导致居家养老紧急救援服务发展滞后。

四、急救方法普及

（一）基本步骤

（1）判断是否存在意识：当发现老人意识突然消失时，先使老人平卧，同时用手轻轻摇动老人的肩部，呼唤老人，如无反应可认为意识消失。

（2）测量大动脉有无搏动：用手触摸老人的大动脉（颈动脉或股动脉），查看有无搏动，如果触摸不到大动脉的搏动，可认为大动脉搏动消失，即心跳停止。

（3）查看呼吸是否停止：在保持老人呼吸道通畅的同时，仔细看其胸部及腹部有无呼吸的起伏动作，也可将自己的耳朵靠近老人的口、鼻，仔细倾听有无气流通过的声音，或用面颊贴近老人的口、鼻，感觉有无气体的进入，来判断呼吸是否停止。

（4）查看老人是否有出血、外伤等症状：当遇到老人摔倒时，必须迅速、果断地查看其身体各部位是否有外伤或出血。

（二）宠物咬伤的急救方法

（1）尽快并正确处理伤口。其方法是：将伤口挤压出血→用浓肥皂水反复冲洗伤口→用大量清水冲洗→擦干后用5%碘附涂擦伤口，以清除或杀灭污染伤口的狂犬病毒等。

（2）只要未伤及大血管，一般无需包扎或缝合。

（3）凡被犬咬伤或其他动物咬伤，都要及时到医院救治并注射狂犬疫苗。首次注射疫苗的最佳时间是被咬伤后的48小时内。

（三）跌倒与骨折的急救方法

（1）不要急于移动老人。发现老人摔倒时，首先使老人就地处于自然安全体位。在没有明确老人伤情的情况下，不要急于移动老人。

（2）迅速检查受伤部位，观察皮肤有无出血、淤血、肿胀等异常情况；询问老人是否有疼痛等不适感。可用手触摸受伤部位，若淤血、肿胀、压痛或畸形，或者肢体活动有异常，可能发生了骨折。

（3）在检查肢体和软组织损伤的同时，注意观察老人有无头痛、恶心、呕吐、腹痛、胸痛等情况，发现异常要及时去医院就诊。

（4）局部的简单处理。伤口有大量出血时，首先要迅速止血，可采用压迫止血的方法。表浅的伤口最好用生理盐水冲净表面的污物（没有生理盐水时也可以用流动的自来水冲洗），然后用75%的酒精消毒伤口皮肤，并予以包扎。较大的伤口经上述处理后要及时送医院做进一步处理。发现有局部挫伤或扭伤时，局部要制动，并给予局部冷敷。必要时去医院进一步诊治。出现骨折时要及时予以固定。

个别老人跌倒时由于撞击有可能会发生脑血肿，出现头痛、恶心、呕吐甚至昏迷等症状，也可能发生胸腹腔的出血，出现胸痛、胸闷、呼吸困难、休克等情况，应及时送往医院抢救。

（四）休克的急救方法

发生休克的表现是：四肢湿冷，面色苍白或发绀，血压下降，脉搏加快，尿量减少，烦躁不安，反应迟钝，神志模糊，甚至昏迷死亡。此时应立即实施救护，方法如下：

（1）让老人呈平卧位，吸氧、保暖，保持周围环境的安静。

（2）给予老人必要的安抚并尽快送往医院抢救。

（五）晕厥的急救方法

晕厥是一时性广泛的脑供血不足而突然发生的短暂意识丧失状态。老人可突然倒地或不能站立，但在短时间内恢复。其急救方法如下：

（1）当老人发生晕厥时，应立即让老人呈平卧位，并解开衣领、腰带（女性需松解胸罩），抬高下肢。

（2）密切观察病情及意识恢复的时间。

（3）严重者或频繁发生晕厥的老人，要协助其到医院查清原发病，积极治疗。

（六）烧伤及烫伤的急救方法

（1）立即脱离险境，消除致伤原因。

（2）创面用清水冲洗。小创面可用冷水浸泡，如果被强酸、强碱或其他化学药品烧伤者，应立即脱去衣服，用大量流动清水冲洗创面。

（3）不要在创面上涂任何药物或其他物品，可用消毒敷料或干净的被单包扎覆盖创面。

（4）伤势严重者经现场简单处理后应尽快送往医院。转送途中，随时保持老人呼吸道的通畅，并防止污染伤口。

（七）噎食的急救方法

（1）争分夺秒，就地抢救。当食物阻塞在咽喉部时，可试着用汤勺柄刺激老人的舌根部，以引起呕吐，促使食物排出体外。

（2）如果食物阻塞在食道内，老人的意识仍清醒，可采用立位的腹部冲击法将食物排出，具体操作方法是：护理员站在老人身后→双手环绕老人腰间→左手握拳并用拇指突起部顶住老人上腹部→右手握住左拳→一下一下向上向后用力冲击挤压→可连续做6～10次。注意查看老人口腔内有无异物排出，若有异物，用手指抠出。

（3）如果老人不能站立，可采用卧位腹部冲击法将食物排出。其具体操作方法是：立即将老人翻身呈仰卧位→救护者骑跨其双腿上→右手掌根压在老人上腹脐上2厘米→左手压在右手上→两手分指扣紧→两臂伸直→用力向上、向内冲击压迫→反复冲击6～10次→查看口腔，如有异物排出，可用手指抠出。

（4）解除食道梗阻后，有呼吸心跳停止的老人要迅速做心肺复苏。

（八）外伤出血的急救方法

（1）加压包扎止血：现场可利用纱布或其他物品（如毛巾、手绢、清洁的衣物等）覆盖伤口，并用手指或手掌用力压迫局部、加压包扎。

（2）指压止血：用于出血量大、有血管损伤的老人。其压迫位置及方法是：头部（颞、额、颈部）出血：用拇指或食指压迫老人耳屏前方颧弓根部（耳前方正对下颌关节处）的颞动脉。面部出血：用拇指或食指在老人的下颌角前1～2cm处（下颌角前下凹内），将颌下动脉压在下颌骨上。头颈部出血：用手指在老人气管外侧与胸锁乳突肌前缘交界处，将伤侧颈总动脉用力向后压于颈椎横突上。不可同时压迫两侧颈总动脉。头后部出血：在老人耳后的乳突下后区域，压迫枕动脉。肩部、腋窝出血：用拇指在老人锁骨上凹处摸到动脉的搏动，其余四指放在老人的颈后，以拇指向后下方压向第一肋骨。上臂出血：根据受伤部位选择压迫腋动脉或肱动脉。在老人的腋窝中点，用拇指将腋动脉压至肱骨头；在上臂中段内侧沟处用四指的指腹将肱动脉压至肱骨干上。手掌、手背出血：用拇指在老人腕关节桡侧压迫桡动脉，同时在老人腕部尺侧压迫尺动脉。手指出血：用食指、拇指分别压迫老人手指根部两侧的指动脉。下肢出血：用两手拇指重叠压在老人大腿根部中点的股动脉上。注意要用力深压。足部出血：在老人的踝关节下方，压迫足背部的动脉搏动处。

（九）心肺复苏急救技术

心肺复苏急救技术是使心跳、呼吸骤停的老人迅速恢复循环、呼吸和脑功能所采取的抢救方法。其基本步骤是：开放气道、人工呼吸、胸外心脏按压。具体操作方法如下：

（1）将伤病者仰卧在硬的平面上，护理员双腿跪于（或立于）伤病者一侧。

（2）开放气道，可采取下列两种方法：

仰头举颏法：护理员左手掌根放在老人前额处→用力下压使老人头部后仰→右手食指与中指并拢放在老人下颏骨处→向上抬起老人下颌（手指不要压迫老人颈前颌下软组织，以免压迫气道，疑似颈椎骨折者不用此法）。

仰头抬颈法：护理员一手放在老人前额→向后下压使老人头部后仰→另一手托住老人后颈部向上抬颈（抬颈时动作轻柔，用力过猛可能损伤颈椎，疑似颈椎骨折者不用此法）→老人口、鼻有异物时应用手指清除。

（3）人工呼吸（口对口人工呼吸）：一手将老人鼻孔捏住，一手托下颌并将老人口唇张开→深吸气后紧贴老人口部用力吹气→看到老人胸廓抬起方为有效→随后开放鼻孔→可听到老人呼气声并见胸廓回缩→开始时先迅速吹气 3～4 次，然后每分钟均匀地重复吹气 16～20 次。

（4）胸外心脏按压定位：护理员右手中指与食指并拢，指尖沿右侧肋弓下缘上移至胸骨下切迹（在两侧肋弓交点处寻找）→中指定位于胸骨下切迹（不含剑突）处→食指紧靠中指→左手掌根紧靠右手食指放在老人胸骨上（胸骨体中 1/3 与下 1/3 交界处）→手掌根部的长轴应与胸骨的长轴平行（不要偏向一侧）→右手移开→右手掌根重叠放左手手背上。按压：双手手指交叉翘起（使手指离开胸壁）→双肘关节伸直→肩、手臂垂直于老人胸部并用力向下压 4～5cm→放松（老人胸骨复位，放松时掌根不可离开按压部位）→反复进行，按压频率 80～100 次/分钟。

（5）心肺复苏成功的标志：大动脉搏动恢复；收缩压在 60 毫米汞柱以上；瞳孔缩小、发绀减退；自主呼吸恢复。

拓展阅读

老年人随着年龄的增长，其生理机能衰退，心理状态发生变化，社会功能减弱，慢性病发病率升高，自身适应环境的能力下降，成为意外伤害发生的高危、脆弱人群。老年人由于身体机能退化，行动不便，多数老年人喜欢待在家里，家中成为老年人疾病突发、发生意外伤害的主要场所。因此，在居家场景下，针对老年人尤其是空巢老年人，设计出科学合理的技术产品和服务流程，提供高效、便捷、经济的救援服务是紧急救援工作的重点。老年人整体健康状况不容乐观，65 岁及以上老年人慢性病患病率较高。总体上，65 岁及以上老年慢性病患病率呈逐渐上升趋势，且患病率都在 50%以上，患病种数较多，常年会服用多种药物维持身体状态，老年人记忆力衰退，可能会错误服用药品，在用药方面存在很大的安全问题。与此同时，由于老年人对慢性病重视程度不够，在疾病初期并不在意，导致慢性病逐渐演化成严重疾病，一旦得不到及时救治而致病情延误，会威胁老年人的生命安全。

第四节　法律维权服务内容与标准

一、老年人法律维权服务概述

针对老年人的财产、赡养、婚姻、诈骗和非法集资等侵权案件时有发生，老年人合法权益保护工作仍需加强。面对新形势、新要求，加强老年人法律维权工作，是贯彻落实党中央、国务院决策部署的积极行动，是加强老龄工作的重要举措，是推进老龄事业全面协调可持续发展的有力保障，有利于提高老年人生活和生命质量，有利于促进家庭和睦、社会和谐，有利于实现社会公平正义，对全面建成小康社会具有重要意义。

老年人常见的需要法律援助的情况有如下几种。

（一）遗弃虐待老人

有的子女以赡养为借口，大肆攫取老人财产，或者是与老人共同居住的子女以赡养、照料老人生活为名，在购买房屋产权、户口迁入、更改户主等目的达到后，遗弃、虐待老人。

《刑法》第 261 条规定：对于年老、年幼、患病或者其他没有独立生活能力的人，负有扶养义务而拒绝扶养，情节恶劣的，处 5 年以下有期徒刑、拘役或者管制。

（二）因继承遗产而侵犯老年人继承权

比如，老年人的配偶死亡后，其再婚需要依法处理或者带走自己的财产时，往往会受到子女、亲友或者其他家族人员的阻拦，不让老人处理或者带走财产。

（三）侵吞老人的房屋产权

比如共同居住的子女分配、购买住房后，仍然占据老人住房；成年子女冒领本不该属于私有房产主的老人的拆迁补偿款，有的还因为房产纠纷引发了再婚纠纷及赡养纠纷等。

（四）再婚老人的配偶一方去世后引发的财产继承和老人赡养问题

由于再婚老人的财产所有权模糊，加之双方子女的干涉等，极易引发利益冲突和再婚老人的财产纠纷。

（五）老人的赡养问题

有的老人子女不孝，无依无靠，衣食问题得不到解决；有的老人虽然衣食问题得到了解决，但却饱受精神养老问题的困扰。许多年轻人习惯上把“养老”理解为是对老人物质与经济上的给予，而对老人精神方面的需求则考虑甚少，忽视与老人进行感情交流，使得老人难以得到心理慰藉。老年人时常会感到失落、孤独、焦虑。

二、老年人法律维权途径及服务内容

各级人民法院要为老年维权案件开辟绿色通道，对老年人因追索赡养费、扶养费、养老金、退休金、抚恤金、医疗费等提出的诉讼要通过繁简分流，严格遵守审限要求，缩短涉老案件审理时间，实行快立、快审、快结。加大对老年人的举证指导，积极提供帮助，提高老年人应诉、参诉能力。加强对经济困难老年人的司法救助，及时办理案件受理费的减、缓、免审批手续。对行动不便的老年人，提供预约立案、上门立案等服务，开展就近开庭、巡回审判等工作。在有条件的中级人民法院、基层人民法院设立“老年维权合议庭”，对老年人常见的婚姻、赡养、合同等纠纷，加大调解力度和教育引导，对于调解不成的，要在司法裁判中依法重点保护老年人合法权益。对虐待、遗弃老年人构成犯罪的，严格依法追究刑事责任。

各级检察机关要在刑事、民事、行政检察工作中加强对老年人合法权益的保护，综合发挥惩治、预防、监督、教育、保护等职能作用。改进办案方式方法，对老年人控告、举报、申诉案件，要依法快速办理，缩短办理周期。进一步加大对侵害老年人合法权益的各类职务犯罪行为的查办力度。贯彻宽严相济的刑事政策，在履行审查逮捕、审查起诉职能时，体现对老年人的特殊保护，做到依法少捕、慎诉、少羁押。依法保障老年犯罪嫌疑人的合法诉讼权利，逐步探索老年人强制辩护制度。积极发挥基层检察室作用，通过检察建议和纠正违法通知书等手段，督促派出法庭、派出所等加强老年人法律维权工作。

各级公安机关对老年人的申诉、报警和求助，要做到反应迅速、处置妥当。加大打击力度，依法惩处盗窃、诈骗、抢夺、敲诈勒索老年人财物和针对老年人的非法集资、电信网络诈骗、传销等违法犯罪行为。在交管、治安、户政、出入境等窗口单位完善老年人扶助举措，配置适老化设施设备，提供预约等照顾性服务。关注辖区内养老机构和服务设施，指导做好安全防范工作。依托基层派出所和警务室，大力宣传防火、防盗、防诈骗等常识，提高老年人风险防范意识和能力。

各级民政部门要在社会救助体系和养老服务体系建设中逐步提高老年人保障水平。完善城乡最低生活保障、特困人员救助供养、医疗救助和临时救助制度，确保符合条件的老年人应保尽保、应养尽养、应救尽救。建立和完善老年人福利制度，全面建立针对经济困难的高龄、失能老年人的补贴制度。加快建设居家为基础、社区为依托、机构为补充、医养相结合的多层次养老服务体系。建立健全养老机构分类管理和养老服务评估制度，规范养老服务收费项目和标准。大力发展老年社会工作，通过政府购买服务等方式，支持引导社会工作专业力量在老年人法律维权工作中发挥积极作用。发展志愿服务组织，壮大志愿者队伍，在城乡社区建立志愿服务站点，开展面向老年人的志愿服务。

各级司法行政机关要把老年人作为法律援助工作的重点人群，推动进一步降低门槛，扩大老年人法律援助事项范围，逐步将法律援助对象扩展到低收入、高龄、空巢、失能等老年人。完善法律援助便民服务机制，简化手续、程序，加快办理速度。建立健全老年人法律援助服务网络，加强基层老年人法律援助工作站、联络点建设。加强法律援助咨询热线建设，有条件的地方开设针对老年人的维权热线，实行电话和网上预约、上门服务等，方便老年人咨询和申请法律援助。加强对律师事务所、公证处、基层法律服务所、司法鉴定机构的管理和业务指导，积极为老年人提供诉讼代理及法律咨询、代书、调解、公证、司法鉴定等诉讼和非诉讼法律服务。发挥人民调解组织化解民间纠纷的作用，组织、指导广大人民调解组织及时化解涉及老年人的婚姻、继承、赡养等矛盾纠纷。

各级老龄工作机构要充分发挥综合协调职能，组织相关部门共同做好老年人法律维权工作。要结合《老年人权益保障法》，积极协调相关部门加快推动出台或修订地方性法规和配套政策。要深入调查研究，积极建言献策，加大政策创制力度。要会同有关部门做好入住医养机构和接受居家医养服务老年人的合法权益维护工作。要进一步加强老年人优待工作，依法维护老年人享受社会优待的权利，逐步拓展同等优待范围。要进一步规范基层老年协会建设，强化其自我管理、自我教育、自我服务功能，发挥基层老年协会在调处家庭赡养等涉老矛盾纠纷方面的积极作用。

拓展阅读

2019 年 12 月，20 位老年人与案外人张某某协商组团前往福建旅游事宜，张某某负责安排签订合同及对接，于某某作为老年人团体的代表，通过微信转账向其交付旅游费用。后收到旅行社发送的电子合同，因参团人员变动，合同多次发生修改，旅行社数次向其发送的电子合同均带有合同专用章。次年 1 月，旅行社再次发送电子合同后，原告代表 20 人签字予以确认。合同对签约双方、旅游产品名称、旅游日期、旅游费用等进行约定，并附有游客身份信息和旅游行程单。后因疫情未能出行。于某某与张某某沟通退款事宜，张某某以旅行社未向其退款为由拒绝退还，20 位老人均诉至法院。旅行社辩称，张某某并非其员工，与于某某沟通签约并非经其授权履行的职务行为，张某某无权代理及收取旅游费用。

裁判结果：上海市静安区人民法院认为，本案中，于某某所代表的 20 位老年人向张某某支付旅游费用及多次修改合同后，均及时收到电子合同，合同均有旅行社的签章，张某某承诺减免的旅游费用也与合同一致，于某某等人有理由相信张某某系旅行社员工，其签订旅游合同及交付旅游款项系善意且无过失。张某某的行为具有已被授予代理权的外观，致使于某某等人相信其有权而支付旅游费用，应发生与有权代理同样的法律效力，故判决旅行社向于某某返还上述费用。

案例意义：本案系老年人在无代理人情况下涉复杂法律问题的团体性维权类案件，具有典型示范意义。随着社会的发展，老龄团体追求愉悦生活的愿望强烈，退休后，老年人闲暇时间较多，约上好友外出旅游成为常态，而在旅游中遭受损失投诉无门时只能走法律途径，维权困难成为此类案件的特点。及时、妥善处理此类案件，有利于切实保障老年人权益。此案提醒老年人在签订旅游合同时，要注意审查相对人是否有相应的代理权和签约资质，并及时通过诉讼途径维护自身权益，对老年人维权、规范旅游行业具有积极的引导作用。同时，此案也能有效引导旅游机构依法订立合同，规范签约行为，自觉遵守市场交易秩序。

第五节 文化娱乐服务内容与标准

一、服务项目

文化娱乐服务的项目主要包括为老年人提供适合其身心特点的歌咏、书法、手工制作、摄影、美术、棋牌、健身、游艺、观影、游览等多元活动，旨在通过讲座、培训班、老年学堂等形式，开展让老年人获得新知识、新技能的活动，增强个人能力，预防老年人生理、心理和社会功能的退化。具体如下：

（1）开展适合老年群体特点的各类文体康乐活动项目，如交谊舞、民族舞、太极拳、门球、轮椅操、手指操等。

（2）在节日、特殊纪念日开展纪念活动。

（3）为失能老年人提供有益于感知觉恢复的文化教育、游戏等干预性康复活动。

（4）为卧床老年人提供电视、广播、阅读等床边文化教育活动。

（5）为老年人和家属开展视频连线等活动。

二、资源整合服务

（1）为新入住的老年人提供环境适应服务。帮助老年人认识和熟悉养老机构的生活环境，包括设施环境、服务环境、人文环境、自然环境，使其尽快融入集体生活。

（2）掌握老年人的亲属、亲友、社会关系等情况，并与之保持沟通联系。帮助老人加强与维系亲情关系，包括亲属、亲友、社会关系等。

（3）为老年人营造社区、居家氛围，帮助其维持社会功能。

三、文化服务

（1）配置专职的或兼职的文娱活动工作人员，经常性组织开展老年人文化娱乐活动。

（2）发挥社会工作者在文化娱乐活动中的组织、倡导、策划、协调、实施等专业化作用。

（3）整合志愿服务团队与志愿者资源，参与老年人精神文化服务。

（4）鼓励、倡导、提高老年人在文化教育服务中的助人热情与能力。

（5）制定具体的服务目标、服务计划、服务方法、实施措施、问题解决方案与策略，建立评估、回顾、总结制度和持续改进机制。

（6）做好文化娱乐活动的过程记录，机构记录格式应统一，涉及老年人个人的资料宜保存在个人档案中。

（7）养老机构应针对从事文化教育的工作人员，每年开展文化娱乐服务方面的继续教育培训。

四、老年教育服务

（1）探索养教结合新模式。整合利用各种资源，丰富老年教育内容和形式。在养老机构内积极为老年人开展思想道德、科学文化、养生保健、心理健康、职业技能、法律法规、家庭理财、闲暇生活、代际沟通、生命尊严等方面的教育，帮助老年人提高生活品质，有尊严地生活，安享晚年。

（2）设立固定的老年人学习场所，如机构老年学堂，配备教学设施设备，通过开设各类课程、举办讲座、展示学习成果等形式，推进养教一体化，推动老年教育融入养老服务体系，丰富入住老年人的精神文化生活。对失能失智及盲聋等特殊老年人群体，应提供康复教育一体化服务。

（3）创新教学方法，将养老机构的课堂学习和各类文化活动相结合，积极探索体验式学习、互联网远程学习、在线学习等模式，引导老年人开展读书、讲座、参观、展演、志愿服务等多种形式的老年教育活动。

（4）鼓励老年人自主学习，支持建立不同类型的学习团队。

（5）举办“网上老年大学”，并延伸至乡镇（街道）、城乡社区，建立老年学习网点。

五、娱乐活动服务

（1）为老年人提供文化教育娱乐活动用房、场地、桌椅、棋牌、电视等基本的娱乐设施设备，每天定时开放。

（2）主动开发、利用社会文化力量为老年人提供文化娱乐服务，并做好保障工作。

（3）为失能（失智）老年人提供有助于感知觉恢复的文化娱乐活动。

（4）为卧床老年人提供电视、广播、阅读等文化娱乐项目。

（5）通过讲座、培训班、老年课堂等形式，开展各种教育培训活动及节日、特殊纪念日活动。

六、延伸服务

（1）延伸服务包括但不限于代缴各种费用、代领物品、代读书报、提供通信等服务，内容应通过宣传栏、电子屏幕等进行公告，根据入住老年人的需要提供相应服务。

由外单位或个人支援帮助的，应保证联系沟通渠道畅通。

（2）个性化延伸服务项目应征得老年人认同，并控制在合理范围内。

七、文化娱乐活动的基本要求

（1）根据年度工作计划和老年人的实际需求，确定文化教育、休闲娱乐活动的主题，兴趣小组类活动主要包括老年学堂各种课程、摄影、书画、英语、电脑、手工、台球、合唱及其他休闲娱乐活动。为老年人提供游艺会、联欢会、艺术品展览、播放电影、文艺演出活动等。

（2）开展游艺会、联欢会、艺术品展览、播放电影、文艺演出等活动需提前制订活动服务计划（计划包括活动主题、时间、地点、过程、参与人员、预算等），并做好记录。

（3）开展兴趣小组类活动、休闲娱乐活动，应提前做好广播、张贴通知，明确告知老年人活动的内容、时间、地点及注意事项。

（4）老年人活动场所与设施设备应做到整洁卫生；夏季室温保持在 26℃，冬季室温保持在 18℃；地面干燥、无积水、无障碍物；要为老人提供固定的兴趣活动场所和相关配套设施设备。

（5）相关工作人员应组织文化娱乐活动，管理与提供符合老年人身心特点的活动方案。在文化娱乐活动开展过程中，工作人员应维持现场秩序，密切关注老年人的身体状况，如有突发病情，应启动相关应急预案；兴趣小组开展活动过程中，各活动室工作人员应结合老年人的身心特点，耐心细致讲解，增加互动环节，解答老年人提出的问题。

（6）活动结束后，工作人员应协助老年人安全返回房间，整理活动现场，清理、消毒设施设备。

八、文化娱乐活动的安全与防范

（1）在开展老年人文化娱乐活动的过程中，如发生健康与意外状况，应立即启动相关应急预案。

（2）应定期检查、维护老年学堂、文化娱乐活动设施设备及用品，保证其安全、正常使用。

（3）各功能活动室门口应设置清晰的标识，方便引导老年人进入。

拓展阅读

“今天是重阳节，我代表社区及惜惠缘居家养老文化服务中心祝爷爷奶奶们幸福安康、生日快乐！……”日前，雨花区惜惠缘居家养老服务中心联合雨花亭街道麻塘桥社区、五一社区，开展了形式多样的庆祝活动。

为弘扬中华民族尊老、敬老的优良传统美德，倡导绿色健康的生活方式，提高老年人的生活质量，营造关爱老年群体的社会氛围，创建和谐共融的美丽社区家园，让长者在家门口就能感受大家庭的温暖，9月29日，惜惠缘居家养老文化服务中心联手麻塘桥社区举办“喜迎二十大，共话家国梦”茶话座谈会。

在活动现场，志愿者们一边陪老人品茶聊天，一边欣赏歌舞表演……中间穿插着互动游戏和知识抢答。老人们高高举起双手抢答，认真的样子煞是可爱。

10月1日是举国欢庆的日子，当国庆红遇上夕阳红，给“双节”染上了暖情氛围。当日上午，惜惠缘居家养老文化服务中心联合五一社区，开展“国庆忆党史，重阳话孝老”音乐茶话会。

现场，惜惠缘居家养老文化服务中心负责人代表社区向在场长者致以节日问候。分享红色故事、畅聊感人故事……在主持人的带领下，大家合唱《我和我的祖国》，表达对祖国的热爱。

活动结束后，工作人员和志愿者上门为高龄及腿脚不便的空巢老人送去大米、面条、燕麦、西瓜、柚子和葡萄等生活物资，同时为老人们测量血压，帮助整理房间，让老人们充分感受到了浓浓的关爱之情。

第六节　体育健身服务内容与标准

体育健身服务是指为老年人提供适合其年龄和身体状况的体育锻炼和健身活动，旨在提高老年人的身体素质，增强免疫力，防控疾病，提升生活质量。随着我国老龄化进程的加速，提高老年人的生活质量和健康水平已成为社会关注的重点。体育健身不仅能够帮助老年人维持和提升身体机能，还能显著改善其心理健康状态，增强社会参与感。科学研究表明，适量的运动可以有效预防多种慢性疾病，如高血压、高血脂、糖尿病等，并能显著减缓骨密度下降的速度，降低跌倒风险，从而提高老年人的生活自理能力和幸福感。然而，多数老年人对于体育健身的认识存在一定的误区和不足，常常趋向两个极端：一个极端是认为运动是年轻人的事，年纪大了就不适合进行任何形式的运动，担心运动会加重关节负担或引发其他健康问题；另一个极端是盲目跟风或采取不科学的运动方法，不仅无法达到预期健身效果，还可能带来运动伤害。此外，骨质疏松症和肌肉衰减等不可抗拒问题常被忽视，而这些问题正是可以通过合理的体育健身得到改善的。体育健身服务可以为老年人提供个性化、系统化、科学化的运动指导方案，帮助老年人建立正确的运动观念，选择适宜的运动项目，确保运动安全有效，从而全面提升老年人的身体素质和生活质量。

一、服务内容

（一）运动前评估

运动前评估是制定个性化体育健身计划的基础，通过对老年人病史、用药史、手术外伤史、家族史、饮食习惯、运动习惯、运动量等方面进行全面评估，确定适合的体育健身活动。

运动前评估主要包括以下方面：

（1）运动风险筛查，主要包括运动绝对禁忌证、相对禁忌证、心血管风险因素、体力活动水平等相关风险的问卷筛查。

（2）体格检查，包括身高、体重、腰围、臀围、安静状态下心率和血压等。

（3）动作筛查，主要针对深蹲、步态等常见的功能性动作模式进行评估。

（4）体适能测试，包括心肺耐力、肌肉力量/耐力、柔韧性和平衡能力及身体成分五大维度的测试。具体如下：

1）心肺耐力测试：心肺耐力测试应在医护人员的监督下进行；根据个体健康状况评估，制定个体化测试方案。在获得知情同意的情况下，推荐采用递增负荷亚极量运动测试方案来评估个体最大摄氧量及心肺耐力水平；若缺少相应仪器设备，也可采用六分钟步行试验测试［可参见《六分钟步行试验临床规范应用中国专家共识》，中华心血管病杂志，2022，50（5）：432－442］。应根据需要监测测试过程中及测试结束后1～5分钟内个体心率或血压。

2）肌肉力量/耐力测试：采用握力计评估前臂和手部肌肉力量，也可利用5磅的哑铃30秒弯举评估上肢力量；通过5次坐站测试或30秒坐站测试评估下肢的肌肉力量与肌肉耐力。

3）柔韧性测试：上肢主要通过抓背测试，下肢主要通过坐位体前屈测试。

4）平衡能力测试：运用闭眼单腿站立测试评估静态平衡能力；运用2.4米起立-行走测试评估动态平衡能力。

5）身体成分测试：主要依据身高体重比值（BMI）评估身体成分，有条件的可利用身体成分测试仪进行测试。

（5）运动史评估，用来评估老年人过去的运动习惯、运动偏好和运动受伤史。具体如下：

1）运动频率和强度的历史记录。

2）过去参与的运动种类及受欢迎程度。

3）运动相关的受伤情况及康复过程。

（二）运动计划制定

根据运动前身体评估结果和老年人的健康状况，制定个性化的运动计划，确保运动强度和类型适合老年人的身体条件。运动计划具体包括以下方面：

（1）有氧运动：如步行、游泳、慢跑、骑自行车等，提高心肺功能。每周至少进行150分钟中等强度有氧运动或75分钟高强度有氧运动。每次运动持续时间为20～30分钟。

（2）力量训练：如哑铃练习、弹力带抗阻训练等，充分利用居家或日间照料中心的现有器材设施（如瓶装矿泉水、椅子）增强肌肉力量。每周至少进行两次力量训练，每次包含8～10个主要肌群的练习。每个练习进行2～3组，每组8～12次重复。

（3）柔韧性训练：利用常规的拉伸动作或居家设施增加身体柔韧性。每次运动结束后进行 10～15 分钟的拉伸运动，包含肩部、背部、腿部等主要肌群的拉伸。

（4）平衡训练：多方位弓箭步、波力球等站立平衡练习等，提高身体平衡能力，预防跌倒。每周至少进行 3 次平衡训练，每次 10～15 分钟。

（5）传统养生功法：太极拳、六字诀、八段锦、五禽戏等传统养生功法可增强老年人肌肉力量和柔韧性，改善协调平衡能力，促进心肺功能，缓解压力和焦虑，适合老年人长期习练。

（三）运动指导

运动指导是确保老年人正确、安全地进行体育活动的重要环节。运动指导包括以下方面：

（1）运动技能指导：教授老年人正确的运动姿势和技巧，避免运动损伤。

1）提供详细的动作示范和分步讲解。

2）通过视频、图解等辅助工具进行教学。

（2）运动监测：通过穿戴设备或定期检查，监测老年人的运动强度和效果，及时调整运动计划。

1）配备心率监测器、步数计等设备。

2）定期记录并分析运动数据，如每周一次。

（3）运动心理支持：提供心理支持，鼓励老年人积极参与体育活动，克服运动中的困难和障碍。

1）定期进行心理咨询和鼓励。

2）组织运动团体，促进老年人之间的互动和支持。

老年人运动方案示例如表 3－5 所示。

表 3－5　老年人运动方案示例

<table>
<tr><td colspan="4">运动评估</td><td colspan="3">日期：2025－03－28</td></tr>
<tr><td rowspan="5">基本信息</td><td>姓名</td><td>朱××</td><td>性别</td><td>男</td><td>年龄</td><td>70</td></tr>
<tr><td>身高（cm）</td><td>172.6</td><td>体重（kg）</td><td>72.3</td><td>静息心率（次/分）</td><td>81</td></tr>
<tr><td>血压（mmHg）</td><td colspan="5">87/138</td></tr>
<tr><td>体重指数（kg/m²）24.3</td><td>肥胖≥28</td><td>超重 24～28</td><td>体重正常 18.5～24</td><td>体重过低 ＜18.5</td><td>超重</td></tr>
<tr><td>身体围度</td><td>腰围（cm）</td><td>78</td><td>臀围（cm）</td><td colspan="2">97</td></tr>
<tr><td>既往疾病状况</td><td colspan="6">（1）冠心病：（有/无√）；若有，需谨慎。
（2）糖尿病：（有/无√）；若有，血糖控制情况：（良好/不佳）；注意并发症（低血糖等）。
（3）脑梗死：（有/无√）；若有，注意肢体功能活动情况。
（4）高血压病：（有/无√）；若有，血压控制情况：（良好/不佳）。
（5）关节炎：（有/无）；若有，评估关节功能状况。
（6）慢性肾脏病：（有/无√）；若有，评估心脏情况。
（7）间歇性跛行：（有/无√）；若有，评估心脏情况。</td></tr>
</table>

续表

生活方式	吸烟	（√有/无）	吸烟 50 年 2～3 支/日
	饮酒	（√有/无）	饮酒次数：1～2 次/天 饮酒频率：10 次/周 饮酒量：250mL/次
	睡眠情况	良好	
	饮食情况	偏荤	
体力活动水平	锻炼情况	高√	经常锻炼（近 3 月来，每周运动≥3 次，每次 30 分钟以上）
		中	偶尔锻炼（近 3 月来，每周运动 1～2 次，运动总量<150 分钟/周）
		低	不锻炼（近 3 月来，每周运动≤1 次）
运动习惯评估	主要为喜欢的运动方式		有氧方式：√步行 慢跑 爬山 瑜伽 游泳 骑车 广场舞
			抗阻方式：抗重力 器械 弹力带
			其他运动：太极拳 传统养生功法 球类
	心血管风险	无	高危：病程>10 年、合并≥3 个危险因素或存在大血管并发症
			中危：病程 5～10 年或合并 2 个危险因素但无大血管并发症
			低危：病程≤5 年或合并≤1 个心血管疾病危险因素
	跌倒风险	无	高危：过去 1 年跌倒≥1 次、自感走路或站立时不稳
			低危：无
已做医学筛查	空腹血糖 8.9，血压（135/84），心率 87/分钟		
	血脂 TG 1.74；TC 5.76；LDL-C 3.52；HDL-C 0.89		
体适能评估	心肺耐力	测试方法：2 分钟原地踏步	
		测试结果：126（5 分）	
	上肢肌力	测试方法：30 秒哑铃弯举	
		测试结果：16（3 分）	
	下肢肌力	测试方法：30 秒坐站测试	
		测试结果：13（2 分）	
	柔韧性	上肢：－4.4（3 分）	
		下肢：－2.8（2 分）	
	平衡能力	静态平衡：8 秒（3 分）	
		动态平衡：5.5 秒（3 分）	
	其他	FMS 动作筛查：深蹲膝外翻	
运动方案	运动目的	降血糖、减体重	
	时间安排	开始阶段：1～2 周（目标：培养运动习惯，保证运动频率）	
		维持阶段：3～12 周（目标：达到靶强度，保持运动习惯，养成运动爱好）	

续表

<table>
<tr><td rowspan="16">运动方案</td><td rowspan="2">运动频率</td><td colspan="3">有氧运动：5 次/周（周一√　周二　周三√　周四√　周五　周六√　周日√）</td></tr>
<tr><td colspan="3">抗阻运动：次/周（周一　周二√　周三　周四　周五√　周六　周日）</td></tr>
<tr><td>有氧运动形式</td><td colspan="3">快走、慢跑</td></tr>
<tr><td>运动强度/时间</td><td>3 阶段</td><td>运动时间</td><td>心率或速度（上限和下限）</td></tr>
<tr><td rowspan="3">开始阶段</td><td>热身运动</td><td>3～5 分钟</td><td>100 次/分钟</td></tr>
<tr><td>运动阶段</td><td>5～10 分钟</td><td>120 次/分钟；配速 9～11</td></tr>
<tr><td>整理运动</td><td>3～5 分钟</td><td>100 次/分钟</td></tr>
<tr><td rowspan="3">维持阶段</td><td>热身运动</td><td>3～5 分钟</td><td>105 次/分钟</td></tr>
<tr><td>运动阶段</td><td>10～20 分钟</td><td>130 次/分钟；配速 7～9</td></tr>
<tr><td>整理运动</td><td>3～5 分钟</td><td>100 次/分钟</td></tr>
<tr><td>抗阻运动形式</td><td colspan="3">提拿放练习、持物蹲起、平板支撑或臀桥</td></tr>
<tr><td rowspan="2">运动强度及时间</td><td colspan="3">平板支撑 30 秒/组，其余 10～15 次/组；3 组，组间 30～60 秒</td></tr>
<tr><td colspan="3">心率：150 次/分钟以内</td></tr>
<tr><td>其他运动形式</td><td colspan="3">爬楼梯、单杠悬垂</td></tr>
<tr><td>运动总量</td><td colspan="3">（不必须显示）</td></tr>
<tr><td>注意事项</td><td colspan="3">（1）合理膳食，注意营养均衡（抗阻运动增肌者，可适当补充优质蛋白质摄入）。
（2）选择宽松舒适的衣服和运动鞋，避免在炎热潮湿环境中运动，运动中及时补充水分。
（3）运动强度或运动量不宜过大，应量力而行，循序渐进。
（4）对于慢病人群，注意监测血压、血糖。
（5）注意监测晨脉，若与前日相比，心率之差＞5 次/分钟，注意减少运动量。
（6）若运动中出现任何不适症状（如心慌、胸闷胸痛、头晕、气喘、呕吐等），应立即停止运动并观察，必要时及时就医。
（7）生活方式干预：戒烟、避免饮酒、少喝咖啡等，避免长期熬夜。</td></tr>
<tr><td rowspan="3">回访记录</td><td>回访时间</td><td colspan="3">2025－04－28</td></tr>
<tr><td>效果评价</td><td colspan="3">空腹血糖 6.8；BMI 指数 23.9，血脂降低，精神状态良好</td></tr>
<tr><td>运动损伤</td><td colspan="3">无运动损伤，膝关节在阴雨天疼痛感减轻</td></tr>
</table>

（四）健康教育

健康教育是提高老年人体育健身意识和自我管理能力的重要途径。健康教育包括以下方面：

（1）运动知识普及：向老年人普及科学的运动知识，如运动的益处、科学运动方法等。

（2）成功案例分享：通过分享其他老年人通过运动改善健康的成功案例，激励老年人积极参与运动。

（3）分发运动知识手册和宣传资料：制作简易可行的老年人居家锻炼宣传单或手册。

（4）营养指导：提供与运动相关的营养指导，如运动前后的饮食安排、营养补充等。

（5）生活习惯建议：建议老年人在日常生活中养成良好的运动习惯，如定期运动、合理安排运动时间等。

1）提供作息时间表和运动安排建议。

2）鼓励老年人保持积极的生活态度。

（6）运动安全教育：强调运动中的安全原则，如适量运动、避免过度疲劳、注意运动环境等，确保老年人在运动过程中的安全。

二、服务流程

（一）运动前身体评估流程

运动前身体评估流程包括基本信息采集、运动风险问卷调查、体适能测试、运动史评估和健康风险评估等环节，建立详细的身体评估档案。

（1）面对面访谈，收集基本信息。

（2）结合体检报告进行运动风险问卷筛查。

（3）体格检查与常见功能性动作模式评估。

（4）体适能测试。

（5）心肺功能测试。

（二）个性化运动计划制定流程

根据老年人身体评估结果，制定个性化的运动计划，并与老年人进行沟通确认。

（1）结合评估结果与运动目标制定运动方案。

（2）取得老年人同意，签订运动计划同意书。

（3）提供专业的运动指导和技术支持。

（4）定期评估运动效果，并根据评估结果调整运动计划。

（三）运动指导和监测流程

定期提供运动指导和监测服务，记录老年人的运动数据，及时调整运动计划。

（四）活动组织流程

（1）根据老年人的兴趣和能力组织体育活动。

（2）提前做好活动的安全保障工作。

（3）记录活动的开展情况和老年人的参与情况。

（五）反馈与调整流程

（1）定期收集老年人的反馈意见。

（2）根据反馈意见调整服务内容和服务方式。

（3）保持与老年人的沟通，确保服务满足其需求。

三、管理指标和考核方式

管理指标具体如下：

（1）老年人参与率：统计参加体育健身服务的老年人数量和比例，参与率达到60%左右。

（2）运动计划达成率：统计老年人按计划完成运动的比例，运动计划达成率在80%左右。

（3）运动效果评估：通过体能测试和健康监测，评估老年人运动后的身体变化和健康改善情况，使90%左右的老年人在运动后身体状况有所改善。

（4）服务满意度：通过问卷调查或访谈，评估老年人对体育健身服务的满意度应达到85%以上。

考核方式：定期对服务效果进行监测，收集老年人的反馈意见，作为考核的一部分。

四、服务工作职责

服务工作职责具体如下：

（1）制定、组织、实施体育健身服务计划。

（2）制定年度服务计划和目标。

（3）组织各项体育服务活动并监督实施效果。

（4）接受上级主管部门的业务指导，及时整改问题并反馈整改报告。

（5）针对反馈意见，制定整改措施并实施。

（6）摸清辖区内老年人口的运动需求，登记入册，建立运动档案。

（7）定期走访开展体育健身活动的老年人，收集需求信息。

（8）维护和更新老年人运动档案。

（9）按国家标准，为符合条件的老年人提供运动能力评估和指导。

（10）及时反馈老年人的运动数据，并根据数据调整运动计划。

（11）开展体育健身知识宣传活动，发放宣传资料和运动锻炼手册，推广科学运动方法。

（12）开展健康生活方式培养、可能性肌衰症筛查、骨质疏松预防、防跌倒锻炼、意外伤害预防和自救、老年人中医药养生保健等健康知识的宣传和指导工作。

（13）将老年人的运动数据录入电子数据系统，定期维护电子数据系统，确保数据准确性。

（14）整理归档体育健身服务工作的原始资料。

（15）保管服务记录、评估报告和反馈意见。

五、服务特点

（1）个性化服务：针对每位老年人的身体现状、社会环境、个体需求等特点，制定个性化的运动方案并给出营养和生活习惯建议，使服务更贴近老年人的实际情况。

（2）全面服务：涵盖基本情况、病史及运动习惯等信息收集，运动风险评估，体适能测试，功能性动作筛查，运动方案制定，运动过程指导、监测、随访，运动方案调整及运动宣教等多个环节，提供全面的体育健身服务。

（3）专业化服务：采用权威的评估工具、量表及高科技的心率监测设备，确保运动锻炼的适宜强度和安全性，提高老年人参与的积极性与锻炼效果。

拓展阅读

2022年11月8日上午，由中国老年人体育协会、云南省老年人体育协会、丽江市人民政府主办的2022年全国老年人广场舞科学健身指导活动（丽江站）暨云南省老年人广场舞交流活动在丽江市老体协综合馆举行。自2017年起至2019年，丽江已连续成功承办了三届全国中老年广场舞大赛。丽江不仅自然风光秀丽、文化风情浓郁，同时体育运动氛围浓厚，已成为全国老年广场舞大赛的最佳举办城市之一，也是广大老年朋友向往的旅游胜地。这次比赛活动是对丽江老年人工作的肯定，也是丽江老年人生活中的一件大事。此次交流活动采取线上报送、线下评选的办法，全省共23个会员单位、21个优秀视频参加。据了解，本次活动于11月8日开始，持续至11月10日结束。活动围绕线上参赛节目评选，线下科学健身指导、实操培训等内容进行。指导视频录像和参赛作品通过“丽江热线”网站等互联网平台展播，供全国各地观众学习借鉴。

第七节　康复理疗服务内容与标准

康复理疗服务是指服务机构为居家养老的老年人提供的功能维持训练、指导康复器具使用、康复保健和精神关爱服务。

一、康复理疗服务基本条件

（一）机构

（1）服务机构应依法登记注册，具有固定的办公场所。

（2）服务机构应具备与居家养老康复服务相关的经营范围。

（3）服务机构应组建康复团队，具备稳定的专业服务能力。

（4）服务机构宜建立信息管理系统或平台，包括但不限于以下功能：

1）信息的采集和整理。

2）数据统计。

3）档案管理。

4）服务监管。

（二）人员

康复服务人员应取得相应资格证书。

（三）设备

（1）宜配备居家康复常用的康复器具，包括但不限于：

1）平衡杠。

2）沙袋。

3）哑铃。

4）实心球。

5）弹性阻力装置。

6）等长训练装置。

7）拐杖。

8）步行器。

9）支架。

10）轮椅。

11）TDP 灯。

12）中频电疗机。

13）低频电疗机。

14）平衡板。

（2）康复器具应符合相关国家标准的规定。

（四）制度

（1）服务机构应建立健全机构管理制度。

（2）服务机构应建立服务对象档案，档案应包括但不限于服务对象基础信息、健康信息、需求信息和服务信息。

（3）服务机构应建立健全应对常态危机和突发危机的应急体系和工作机制，明确相应部门职责，建设应急防范队伍。

二、康复理疗服务流程

（一）接待

（1）服务机构应热情周到，耐心倾听并了解服务对象的服务诉求，应详细介绍服务项目、服务流程、收费标准等事项。

（2）服务机构应倾听或了解咨询者提出的问题，并予以解答；对于暂时无法解答的问题，应留下联系方式，并在 24 小时内予以答复。

（二）评估

（1）服务机构应依据《老年人能力评估规范》（GB/T 42195—2022）对老年人进行能力评估。

(2) 服务机构应对老年人身体状况和居家环境进行评估。

(3) 服务机构应形成老年人的康复评估报告，评估报告的内容包括但不限于：

1) 老年人基础信息。

2) 日常生活能力。

3) 精神状态。

4) 感知觉与沟通能力。

5) 社会参与能力。

6) 居住环境。

7) 评估结论。

(三) 签署协议

服务机构应与服务对象签订书面服务协议，协议内容包括但不限于：

(1) 基本情况。

(2) 服务方式。

(3) 范围。

(4) 时间。

(5) 地址。

(6) 服务质量。

(7) 服务费用。

(8) 支付方式。

(9) 双方权利义务。

(10) 合同变更与终止的条件。

(11) 违约责任。

(四) 制定计划

服务机构应根据评估结果、服务需求确定服务项目和内容，并制定康复理疗服务计划，内容包括但不限于：

(1) 服务内容、服务方式、服务时间和服务频次。

(2) 服务流程及规范。

(3) 服务人员配置、设施设备及工具。服务人员包括但不限于：康复医师、康复治疗师、心理咨询师、康复护士、社会工作者、养老护理员。

(4) 其他注意事项及特殊情况处理。

(五) 服务实施

(1) 入户服务前，服务人员应检查随身携带服务设备的安全性和完好性。

(2) 入户服务时，服务人员应佩戴证件标牌，告知服务合同，征得服务对象允许后按服务规范开展服务。

(3) 服务前应了解老年人身体状况，对老年人的血压、脉搏等生命体征进行测量并做好记录。

(4) 根据老年人康复要求选用相应的康复方法。

（5）功能维持训练时，服务人员应与老年人保持良好沟通，除观察老年人的全身状况外，还应着重观察障碍部位静止和运动时的状态。

（6）辅助康复器具使用训练时，应做好老年人的安全教育。

（7）当服务过程中遇到突发情况时，应及时启动应急预案。

（8）服务完成后，服务人员应请服务对象进行确认和评价。

（9）服务人员应对本次的服务内容、服务效果进行记录。

康复理疗服务内容和要求如表 3-6 所示。

表 3-6 康复理疗服务内容和要求

服务项目	服务内容	服务要求
功能维持训练	（1）个人卫生清洁训练。 （2）穿衣训练。 （3）进食训练。 （4）偏瘫患者良肢摆放。 （5）床上运动。 （6）关节活动度训练。 （7）转移训练。 （8）平衡训练。 （9）步行训练。 （10）言语训练。 （11）认知训练。 （12）心肺功能训练。 （13）骨盆底肌群训练。 （14）肠道功能训练。	（1）训练时应注意服务对象的血压变化。 （2）训练顺序由易到难，训练强度由低到高，从静态平衡训练逐步过渡到动态平衡训练。 （3）应给予服务对象足够时间休息，练习时间与休息时间大致相等。 （4）所有训练要在可控范围内进行，并注意保护。
康复器具使用	（1）提出康复训练器具、生活自助具、康复辅助器具配备的建议。 （2）指导和协助服务对象正确使用拐杖、步行器、支架、轮椅等助行器具。 （3）协助不定期检测所用家庭康复器具的完好性、安全性和可靠性。	（1）服务人员在协助服务对象使用前，应检查辅助器具，保证辅助器具性能完好和使用安全。 （2）服务人员应指导服务对象按照辅助器具使用说明进行操作使用。 （3）辅助器具使用完成后，服务人员应进行清洁、整理、收放，便于下次使用。
康复保健	（1）进行部分肢体和全身的推拿按摩。 （2）提供艾灸理疗。	（1）应根据服务对象身体功能和需求状况，确定服务时长，及时、清晰、完整记录康复服务情况。 （2）服务过程中应密切关注服务对象的身体状况，预防拉伤、骨折、跌倒等二次伤害和突发疾病。 （3）发生二次伤害和突发疾病，应立即按照应急预案采取措施，及时报告并做过程记录。 （4）居家康复服务时，应避免开展高电压、高转速、高温、高频等危险性较高的康复服务。

续表

服务项目	服务内容	服务要求
精神关爱	心理慰藉服务。	通过文字、电话、面对面访谈等方式，了解服务对象的心理状态，为服务对象提供心理支持服务。

（六）阶段评估

（1）服务期间，服务机构应至少每季度对老年人进行一次阶段性评估，每半年对老年人进行一次能力评估。终止服务时，服务机构应对老年人进行一次末次评估。

（2）服务机构应根据阶段性评估结果，适时调整老年人的康复方案。

（七）服务终止

当遇到以下情况时，服务机构应与服务对象协商终止合同：

（1）合同到期。

（2）服务需求与实际情况发生重大变化。

（3）不需要继续康复。

（4）其他不符合继续服务的情况。

（八）服务评价与改进

1. 评价

（1）自我评价。服务机构应至少每半年组织一次自我评价。

（2）客户评价。服务机构应至少每年组织一次客户评价。

（3）第三方评价。服务机构应至少每三年邀请第三方机构对服务开展评价。

2. 评价内容

评价的内容包括但不限于：

（1）服务项目。

（2）服务质量。

（3）服务人员。

（4）服务满意度。

（5）工作记录和归档情况。

3. 改进

服务机构应对评价结果认真进行汇总、分析和研究，有针对性地制定具体的改进方案和措施，持续改进。

拓展阅读

随着社会老龄化加剧，我国康复、护理人才缺乏问题日益明显，且康复医疗资源总量不足、分布不均、地区间差距较大。为解决上述问题，鼓励社会力量举办康复医疗机构、护理机构，2017 年国家卫生计生委组织制定了《康复医疗中心基本标准（试行）》，主要内容如下：

1. 床位设置

提供住院康复医疗服务的，设置住院康复床位总数 20 张以上。不提供住院康复医疗服务的，可以不设住院康复病床，但应设置不少于 10 张的日间康复床。

2. 人员配置

（1）设置住院康复床位的，应按每床至少配备 0.5 人的标准配备卫生专业技术人员，其中医师、康复治疗师和护士比例不低于 1∶2∶3。未设置住院床位的，至少应配备 5 名卫生专业技术人员，其中医师不少于 1 名，康复治疗师不少于 2 名。护理员的数量，由康复医疗中心根据实际工作需要确定。

（2）提供两种或以上专业康复医疗服务的，每个专业至少应有 1 名康复医师或具有本专业技术任职资格的医师。设置药剂、检验、辅助检查和消毒供应部门的，应当配备具有相应资质的卫生专业技术人员。

（3）非康复专业的临床或中医类别的医师、康复治疗师应具有 6 个月以上、护士应具有 3 个月以上在综合医疗机构康复部门或者二、三级康复医院从事康复治疗工作或接受培训的经历；技师应经过相关专业技术和管理培训并取得合格证书；护理员应接受过医疗机构或专业机构的系统培训。

（4）有条件的康复医疗中心应至少聘有 1 名全职或兼职精神心理专业人员，保证每周提供不少于 1 天的精神心理康复服务。

3. 基本设施

（1）康复医疗业务用房至少应当设有接诊接待（包括入院准备）、康复治疗、康复训练和生活辅助等功能区域。康复训练区总面积不少于 $200m^2$。提供康复医疗服务的，还应当设有住院康复病区。

（2）设置住院康复床位的，每床建筑面积不少于 $50m^2$。每床病人使用面积不少于 $6m^2$，床间距不少于 1.2m。未设置住院康复床位的，医疗业务用房建筑面积不少于 $500m^2$。

（3）整体建筑设施执行国家无障碍设计相关标准，并符合消防、安全保卫、应急疏散和防跌倒、防坠床、防自残（自杀）、防走失、防伤人等功能要求。

4. 管理

建立医疗质量管理体系，制定各项规章制度、人员岗位职责，实施由国家发布或认可的诊疗技术规范和操作规程。规章制度至少包括患者登记制度、医疗文书管理制度、患者安全制度、患者抢救与转诊制度、患者隐私保护制度、医疗服务标准、住院康复管理制度、质量管理与控制制度、信息管理制度、设施与设备管理制度、药品耗材管理制度、医院感染防控管理制度、医疗废物处置管理制度、医务人员职业安全防护管理制度、停电停水等突发事件的应急预案以及消防制度。工作人员必须参加各项规章制度、岗位职责、流程规范的学习和培训，并有记录。

第八节 精神慰藉服务内容与标准

一、精神慰藉服务内容

对于老年人的精神慰藉服务十分重要，服务机构在提供养老服务过程中尤其要注意。精神慰藉服务内容具体包括以下方面：

（1）在得到服务对象或监护人同意的情况下，为老年人开展心理疏导、心理咨询和危机干预等服务。在服务过程中注意保护当事人的隐私，并保留相关服务记录。

（2）掌握老年人心理特点和基本沟通技巧，观察老年人心理状况和情绪变化，并通过心理干预手段调整老年人心理状态，帮助老年人减轻或消除心理压力。

（3）遵循自愿平等的原则，对发生纠纷的老年人进行排解疏导；对老年人的合理要求应充分理解，尽可能给予满足；对老年人的不合理要求，要耐心说服，不能强制压服。

（4）定期上门看望慰问孤寡、失能、空巢、独居、失独等老年人。

二、老年人心理特点

（一）脑功能下降，记忆力衰退

这是老年期最常见的症状，精神易兴奋和易疲劳交织。易兴奋主要表现为联想与回忆增多，思维内容杂乱无意义，感到苦恼；注意力不集中，易受无关因素的干扰；对外界的声光等刺激反应敏感，情绪易激动。精神疲劳是脑功能衰弱的主要表现，有时还伴有躯体疲劳，如烦恼、紧张，甚至苦闷、压抑，休息不好，看书就打呵欠，脑子里杂乱无章，昏沉沉的；常常感到“心有余而力不足”，记忆力下降，智力减退，思维缺乏创造性，但是综合分析能力和判断力基本上保持在正常水平。

（二）情绪不稳定，自控能力差

老年人经常被负面情绪所控制。易被激怒，动不动便大发雷霆，或易哭泣，经常产生抑郁、焦虑、孤独感、自闭和对死亡的恐惧等心理。对外界的人和事漠不关心，不易被环境激发热情，还经常出现消极言行。

（三）趋向保守，固执己见

许多老年人在多年的社会实践中养成了一定的生活作风和习惯，随着年龄的增长，这些作风和习惯不断受到强化。因此，他们在评价和处理事物时，往往容易坚持自己的意见，不愿意接受新事物、新思想，经常以自我为中心，很难正确认识和适应生活现状。常常沉湎于旧事，悔恨无法挽回的美好的过去。稍有成就则变得高傲自大，拒听逆耳良言。还有部分人变成“老顽童”，言语、行为幼稚。但大多数老年人还是通情达理的，只要经过认真沟通、讨论，他们也会放弃己见，服从真理。

（四）统觉发达，判断准确

大部分老年人统觉发达，他们能够运用一生中积累的宝贵经验指导后来的实践，经过周密考虑，能更深刻地认识当前事物，作出准确判断。

（五）喜安静，惧孤独，不耐寂寞

心理专家研究发现，多数老年人由于神经抑制高于兴奋，故不喜嘈杂、喧闹的环境，愿意在安静、清闲的环境中生活、工作和学习。有些老年人离开他们为之奋斗一生的工作岗位时，往往若有所失，产生孤独寂寞之感。在家庭中，不少老年人既愿意享受儿孙绕膝之乐，又对持续喧闹的环境感到心烦意乱。

（六）希望健康长寿

能够看到自己从事过的事业蓬勃发展，看到社会的进步与儿孙们的茁壮成长是老年人的共同心愿。因此他们都希望自己有一个健康的身体，一旦生了病则希望尽快痊愈，不留后遗症，不给后辈增加负担，尽可能达到延年益寿，能够看到自己愿望的实现。

三、老年人常见心理问题与照护方式

（一）老年人心理疾病分期

一般而言，一个人在进入老年期后，大致都要经历四个阶段，即角色转换阶段、适应阶段、重新计划人生阶段和稳定阶段。老年人在经历这四个阶段的过程中，由于生理和心理的难以适应和逐渐老化，容易出现一些心理问题。

1. 社会角色的转变导致的心理不适

老年人退休后，一般需要经过以下四个阶段才能稳定下来：

第一个阶段是期待期。自愿退休或是急切盼望退休的老年人常常以积极乐观的态度等待退休，他们大多已经在工作中充分获得了满足，实现了自我价值或是厌倦了工作，因而他们能够心平气和地接受退休；不愿意退休者的心理则十分矛盾，他们往往担心因丧失工作导致社会地位的改变而失去现有的一切。

第二个阶段是退休期。也就是正式退休那一天，有的老年人想到退休后的生活十分抗拒："天天无所事事，人生还有什么意义啊。"有的老年人却按捺不住内心的喜悦，想着"终于可以出门转转了，是先去荷兰还是先去巴黎?"幸福之情溢于言表。

第三个阶段是适应期。一个人从一个熟悉的工作环境中退到家庭这样一个小圈子里，生活内容和生活的节律及自己所扮演的角色和地位都有很大的不同。这时，有的老年人就会感到无所事事、无所适从，进而产生烦躁、焦虑、抑郁等情绪。

第四个阶段是稳定期。"既退之，则安之"，老年人在经历了一段时间的痛苦心理挣扎后，认识到了由于种种原因自己目前状况是不可能改变的，于是渐渐习惯下来，把注意力转移到家庭圈子里，或是寻找人生的第二个别样的春天。

2. 家庭和家庭关系导致的心理不适

家庭是老年人退休后的主要生活场所，老年人的生活及心理健康不可避免地要受到家庭的结构、家庭成员彼此间的关系及老年人在家庭中的地位等的影响。一是夫妻关系。老年人夫妇间的恩爱程度如何、丧偶的老年人能否再婚及再婚后的夫妻关系是否融洽等，都会对老年人的心理健康产生重大的影响。二是与子女之间的关系。由于社会文化的影响，老年人与其子女之间的关系变得越来越值得关注。很多老年人为子女操心劳神，直至精疲力竭；晚年丧子或子女患病，或是子女为争财产而不顾骨肉手足之情等，都会给老年人带来极大的痛苦，对老年人的身心健康造成极大的伤害。还有就是子女不孝或是婆媳关系紧张，都会影响老年人的心理健康。三是与孙辈之间的关系。很多老年人往往把希望寄托在孙辈身上，但由于社会文化及教育背景的差异，老年人在思想观念上很容易与孙辈发生分歧。有些老年人看不惯孙辈的娇生惯养，看不惯孙辈的衣着打扮、行为举止，往往会产生不悦的情绪。

3. 衰老、疾病及其心理反应导致的心理不适

随着年龄的增长，老年人一般会视力下降、听觉迟钝、动作反应缓慢、与社会接触减少。所有这些衰老变化都可能引起老年人情绪上的焦虑、抑郁和孤独感。

4. 疾病对老年人心理的影响

有的疾病能直接影响老年人的心理机能。如患脑动脉硬化症，由于脑组织供血不足，会引起老年人记忆力减退，严重的甚至造成痴呆。有些高血压、冠心病等患者常出现心情急躁不安的情况。有些老年人由于长期患病，甚至卧床不起，生活不能自理，便觉得成为他人的累赘，心情焦虑、抑郁等。

（二）老年人常见的心理表达

1. 惶恐遗弃感

每一位老年人都有自己不同的生活经历，积累了丰富的经验，在工作岗位上担负一定的职务，一旦离开工作岗位，会因年老失去地位而感到空虚和被遗弃。子孙不孝，家庭不和睦，生病后住院担心花钱多，怕疼痛，怕失去生活能力，尤其是一些诊断不明确、治疗效果不显著的疾病，更易使他们产生惶恐感。

2. 孤独寂寞感

孤独寂寞是老年期最常见的心理特征。有些老年人由于神经抑制高于兴奋，喜欢在安静的环境中生活。但是当他们离开工作岗位时，则往往若有所失，子女成家立业，各奔东西，加之亲朋亡故，更加孤独寂寞，忧心忡忡。特别是生病离开家住进医院，周围都是陌生人，老年人更容易产生孤独寂寞感。

3. 焦虑抑郁感

老年人爱操心，他们既关心儿孙的进步成长，对有些年轻人的生活习惯又看不惯，只觉得自己年龄大了，力不从心，不中用了，因而焦虑不安。当患病时，这种心理更为明显，常担心自己的健康，往往因一些小事发脾气，性格孤僻、固执，不易与人合作，不能自制。特别是生病后少言寡语，对外界任何事物都不感兴趣，有的饮泣不语，还有的自暴自弃，放弃治疗，甚至出现轻生念头。

4. 多疑、啰唆

有的老年人存在自卑心理，别人说话时，总怀疑是议论自己。子女们因工作忙，不能及时看望，问寒问暖，使老年人以为儿女冷落他们，常因一些小事生气、流泪，甚至因悲愤而轻生。另外，由于老年人的记忆力下降，遇事好唠叨，使年轻人不喜欢他们，更加重了老年人的悲观情绪。

（三）老年人心理变化

随着年龄增长、体质衰弱，老年人的心理也会出现一些变化，主要有以下几点。

1. 产生衰老感

我们经常听见一些老年人有这样的感慨:“我已经老了,不中用了啊!”这是老年人主观上产生的衰老感,即意识到自己老了。老年人产生衰老感的原因有很多,首先是身心状态的变化,感知能力下降。如,头发由青丝变成花白,健步如飞变成步履蹒跚,精神饱满变成气力衰弱等。其次是生活、工作及社会环境的改变。如,退休赋闲、与子女分居、亲人朋友的离世等。还有就是周围的人把自己奉为老人,处处被当作老人看待,衰老感便在他人的“老同志”“老师傅”“老先生”的称呼中产生。

衰老感的产生是一个人精神衰老,失去了生活的动力和积极性的开始。因为衰老感无形中致使人的意志衰退、情绪消沉,甚至使老年人生理衰老、心理功能降低,或是出现新的疾病。

2. 孤独寂寞

造成老年人孤独的最普遍原因是:退休在家,离开了工作岗位和长期相处的同事,终日无所事事;与儿女分开居住,寡朋少友,缺少社交活动;丧偶或离婚,老来孑然一身。老年人最怕孤独,因为孤独使老年人处于孤独无援的境地,很容易产生一种“被遗弃感”,继而使老年人对自身存在的价值表示怀疑甚至抑郁、绝望。

3. 空虚无聊

这种问题多见于退休不久或对退休缺乏足够思想准备的老年人。他们从长期紧张、有序的工作与生活状态突然转入松散、无规律的生活状态,一时很难适应,可能会像无头苍蝇一样,东碰碰、西撞撞,他们经常感到时间过得很慢,度日如年。伴随“空虚感”的往往是情绪的低落或烦躁不安,这种恶劣的心境如果长期持续,不但会加速老年人的衰老,有时还可能使老年人产生自杀的念头,对老年人的身心健康造成很大的威胁。

4. 情绪多变

老年期是人生旅途的最后一个阶段,也是人生的“丧失期”,例如“丧失”工作、丧失权力和地位、丧失金钱、丧失亲人、丧失健康等。一般而言,老年人的情感趋于低落,这与他们的过往经历和现实境遇是分不开的。另外,由于大脑和机体的衰老,老年人往往产生不同程度的性情改变,如说话啰唆、情绪易波动、主观固执等,少数老年人则变得很难接受和适应新生事物,怀念过去,甚至对现实抱有对立情绪。老年人的性情改变,常常加大了他们与后辈、与现实生活的距离,导致他们社会适应能力的缺陷。

5. 健忘

健忘通常是老年人自然衰老的表现。老年人的健忘主要表现为近事记忆障碍,也称近事遗忘。也就是说,老年人遗忘的主要是近期发生的事情、新接触的事物或是新学习的知识。但是,老年人对于陈年旧事却往往记忆犹新,说起来绘声绘色、活灵活现,而对这些远事记忆的影响只有在发生大脑器质性疾病时才会发生,即出现远事遗忘。这是老年人健忘的一个规律。

6. 话多唠叨

人到了一定的岁数之后,就会变得喜欢唠叨,总爱怀旧,而且还更加“立场坚定”。老年人由于精力有限,对许多事情心有余而力不足,于是他们只好借助语言来表达自己以引起他人的注意,求得心理的平衡,有时为了维护自己的尊严而不听他人之言;老年人岁数大了，能做的事情少了，子女很少在身边，为了排解寂寞，也只能借助于唠叨；老年人总是喜欢谈论陈年旧事，炫耀以往的辉煌，这是为了得到心理上的慰藉，以填补现实生活的空虚。老年人的这种唠叨、言语混乱是其思维方式和思维过程混乱的表现。作为老年人应尽量控制自己，当然年轻人更应该予以谅解。

7. 睡眠不调

睡眠不调是老年人脑功能自然衰退的征兆。我们经常听到老年人说："我总是夜里两点就起床看书""我一晚上得醒好几次，不能有一点动静""我晚上总是失眠，白天睡也睡不着""睡眠不好干什么都没精神""年轻的时候就没觉得困过，现在可好，一天睡十几个小时，还是犯困"……这些都是老年人常见的睡眠不调的状况：睡眠少，睡眠浅，易惊醒，晚上不能入睡，白天没精神，或者是黑白颠倒，晚上不睡，白天嗜睡等。老年人睡眠不调与老年人的心理健康有很大的关系。

（四）老年人心理护理

1. 确立生存意义，正确对待身体的变化

老年人应客观地意识到岁月不饶人，要正确地对待身体的变化，定期体检，发现疾病及早治疗。不要抱侥幸心理，麻痹大意，延误治疗；也不要被疾病吓倒，要坦然面对死亡，生老病死是自然规律，要认真过好每一天，不仅应老有所养，还要老有所乐、老有所学、老有所为。

2. 消除老人的恐惧焦虑感

全社会都应该尊重老人，爱护老人，使养老敬老成为社会美德和风尚，让老人时时处处都感到被优待，从而处于最佳心理状态，帮助老人建立价值观、满足感，用科学的态度看待衰老过程。根据观察，老人适应力差，一旦患病，会变得非常恐惧和焦虑，担心自己的身体能否好转等。这时服务人员要主动接近患者，帮助他们挂号、取药、取送化验标本，热情接待，消除老人的孤独感。对住院卧床的老年患者，应经常帮助其变换体位，使其能做些轻微的活动，放松肌肉，消除紧张情绪。服务人员通过与患者交谈，使患者感受到在医院得到了妥善的治疗和护理，增强他们对医院的信赖，缓解焦虑，增强恢复健康的信心。

3. 生活规律，适度脑体劳动

要让老年人学会安排规律的生活与合理的作息时间，根据自己的兴趣、爱好、体质状况有选择性、有规律地进行运动，包括跑步、打球、爬山、打太极拳等体力运动，下棋、打牌等脑力运动。这不仅能增强老年人的体质，还能延缓其大脑功能的衰退，有效地延缓记忆力的减退等。

4. 家庭和睦是老年人身心健康的基础

老年人常会感到孤独，希望得到家人的关心、爱护和照顾，因此子女应经常与老人沟通，遇事与老人商量，使老人得到应有的尊重。丧偶的老人独自生活会感到寂寞，因此子女应理解老年人的求偶需求，支持老年人的求偶行为，满足老年人的愿望。

5. 热情周到的护理

我们常说热情体贴的举止比十服良药更能解除老年人生理上的疲惫和痛楚。由于疾病使老年人心理上发生了很大的变化，因此他们经常表现得情绪低落、固执、爱发脾气。对此，服务人员应加倍耐心、热情，用诚恳的态度、亲切的话语，增添老年人心理上的安全感，从而促使老年人建立战胜疾病的信心。

拓展阅读

研究发现，大多数老年人的养老需要外部的社会支持，包括家庭成员、邻里之间、社会服务机构等。多数老年人更愿意与子女等家人同住，他们较为依赖家庭养老的方式；老年人的养老除了家庭以外，还需要朋友、邻里之间的相互照顾和支持。但是，由于家庭的养老功能弱化，支持老年人的主要家庭成员负担加重，加之朋友、邻里之间照顾不便，因此需要社会服务机构等外部支持系统来支持老年人的养老，从而形成一个良好的外部照顾体系，以此来支持老年人的精神慰藉需求。

人在精神慰藉方面的需求是人的需求的一个重要部分，精神需求在不同的学科背景下有不同的定义和理论。马克思从哲学的角度将人的需要区分成自然性需要和社会性需要。自然性需要是人对衣食住行等物质条件的需要，这是人最基本的需要；社会性需要则包括情感等方面的更高层次的精神需要。社会支持不能完全满足老年人的心理、生理的衰退和精神的缺失，但老年人可以通过自我选择、完善和补偿等方式弥补自己的需求，社会也应从提高老年人精神养老服务质量的角度出发，为老年人补偿主观条件的缺失，从而满足他们更高层次的需求，使其保持健康积极的生活状态。

第九节　适老化改造服务内容与标准

在老龄化带来的诸多问题中，老年人的居住问题成为社会关注的首要问题之一。为老年人提供安全、舒适的居住环境是解决养老问题的重要方面，因此适老化改造应运而生。

一、适老化相关概念

（一）适老建筑

对于适老建筑，国内外尚无明确定义，但简而言之，适老建筑与普通建筑相比，增加了诸多便利老年人日常生活的体贴设计。这样的体贴设计对年轻人而言也同样便利实用，并可通过预留空间为今后即将有老年人入住提供改造上的便利。

（二）环境适老化

环境适老化是一个多维度、跨学科、系统化的概念。综合护理学、康复学、建筑学及社会学等多学科观点，可将“环境适老化”定义为环境与老年人能力相匹配，能满足老年人个性化的生理、心理及社会需求，具有安全性、舒适性、便利性。

（三）适老化设计

适老化设计是指在住宅中，或在商场、医院、学校等公共建筑中充分考虑到老年人的身体机能及行动特点，作出相应的设计，包括无障碍设计、引入急救系统等，以满足已经进入老年生活或以后将进入老年生活的人群的生活及出行需求。适老化设计将使建筑更加人性化，适用性更强。适老化设计应坚持“以人为本”的设计理念，从老年人的视角出发，切实感受老年人的不同需求，从而设计出适应老年人生理以及心理需求的建筑及室内空间环境，最大限度地帮助这些随着年龄衰老出现身体机能衰退，甚至是功能障碍的老年人，为他们的日常生活和出行提供方便。

（四）通用设计

通用设计的基本定义是由美国设计师罗纳德·麦斯（Ronald L. Mace）在 1988 年提出的。通用设计又名全民设计、全方位设计或是通用化设计。作为一种设计活动，通用设计是指对于产品的设计和环境的考虑尽最大可能面向所有的使用者的一种创造设计活动。作为一种设计成果，它指无须改良或特别设计就能为所有人使用的产品、环境及通信。它所传达的意思是：能被失能者所使用，就能被所有的人使用。通用设计的核心思想是：把所有人都看成程度不同的能力障碍者，即人的能力是有限的，不同的人具有的能力不同，同一个人在不同环境中具有的能力也不同。

（五）无障碍设计

无障碍设计是指为保障残疾人、老年人、伤病人、儿童和其他社会成员的通行安全和便利、信息交流便利，在道路、公共建筑、居住建筑和居住区等建设工程中配套建设的服务设施及信息交流设备。无障碍环境包括无障碍物质环境、无障碍信息和交流环境。无障碍物质环境是指城市道路、公共建筑物和居住区的规划、设计、建设应方便残疾人、老年人、伤病人、儿童和其他人员通行和使用，如城市道路应方便坐轮椅者、拄拐杖者和视力残疾者通行；建筑物应在出入口、地面、电梯、扶手、厕所、房间、柜台等处使用相应设施，方便残疾人通行。无障碍信息和交流环境是指公共传媒应使听力、语言和视力残疾者能够无障碍地获得信息，进行交流，如影视作品、电视节目的字幕和解说，电视手语，盲人有声读物、盲文、大字印刷，方便盲人、聋人使用的网络，电子信息和辅助设备、技术等。

无障碍设计这个名称始于 1974 年，是联合国组织提出的设计主张。无障碍设计强调在科学技术高度发展的现代社会，一切有关人类衣食住行的公共设施以及各类建筑设施设备的规划设计，都必须充分考虑具有不同程度身体伤残缺陷者和正常活动能力衰退者（如残疾人、老年人）的使用需求，配备能够满足这些需求的服务功能与装置，营造充满爱与关怀，切实保障人类安全、方便、舒适的现代生活环境。

二、基本原则

（一）因地制宜，鼓励创新

从目前各地城乡发展还不平衡的实际出发，综合考虑老年人口结构、房屋结构等因素，因地制宜加快推进；鼓励各地探索符合当地实际的居家适老化改造创新模式，并根据当地经济社会发展实际逐步扩大适老化改造对象的范围。

（二）需求导向，自愿选择

坚持基础保底、自愿选择、一户一档的原则，根据老年人实际需求和评估情况等确定居家适老化改造方案。政府重点支持保障特殊困难老年人最迫切的居家适老化改造需求；同时，顺应广大老年人居家养老的意愿与趋势，以满足其居家生活照料、起居行走、康复护理等需求为核心，改善居家生活照护条件，增强居家生活设施设备的安全性、便利性和舒适性。

（三）公开公正，规范流程

各地要建立统一、公开、透明的市场准入机制，并按照相关规定择优确定适老化改造服务机构；要规范改造程序，严把工程质量关，防止改造工程偷工减料，确保达到预期效果。

（四）制度衔接，统筹推进

加强部门协作配合，做好居家适老化改造和城镇老旧小区改造等工作的统筹衔接，改善老年人住房内外的生活环境。

三、改造内容

（一）改造项目

聚焦老年人安全、健康等功能性需求，选择适配性产品，形成不同场景居家环境的产品服务包，包括地面、门、卧室、如厕洗浴设备、厨房设备、物理环境以及老年用品配置等施工改造服务，提升老年人生活自理能力和居家生活品质。

（二）资助标准

各地应根据当地实际和老年人家庭情况，合理确定每户特殊困难老年人家庭适老化改造的资助标准。

（三）改造项目类型

改造项目分为基础类和可选类。基础类项目是政府对特殊困难老年人家庭予以补助支持的改造项目和老年用品，是改造和配置的基本内容；可选类项目是根据老年人家庭意愿，供自主付费购买的适老化改造项目和老年用品。在制定改造方案时，可根据老年人实际需求，选择最需要的项目进行改造。如老年人家庭在实施基础类项目改造后核算的总费用未超过资助标准，可在资助标准内将部分可选类项目纳入补助范围。

各地要立足本地实际，进一步摸清政府支持保障的特殊困难老年人的家庭改造需求，丰富并优化本地居家适老化改造项目类别及具体内容，形成符合当地老年人需求的改造清单。

四、实施流程

居家适老化改造主要分为以下四个阶段：

第一阶段：确定主体。按照政府采购相关规定择优确定适老化改造服务机构；受理对象申请，做好改造对象认定和资质审核。

第二阶段：组织评估。组织中标单位开展适老化改造需求评估，根据入户调查、评估和设计确定改造方案。

第三阶段：组织实施。指导中标的改造服务机构，根据改造方案实施改造服务、实时留存改造信息等。加强过程监管，发现问题及时整改，确保施工质量。

第四阶段：组织验收。组织专业力量进行竣工验收，如发现存在质量问题，应责令改造施工方限期整改，并再次组织验收。

结合实际细化居家适老化改造申请、评估、实施、验收等环节的相关表单，按照一户一档的原则进行电子化、信息化整理归档。

拓展阅读

老年人居家适老化改造项目建议清单

类别	项目名称	具体内容	项目类型
地面改造	防滑处理	在卫生间、厨房、卧室等区域，铺设防滑砖或者防滑地胶，避免老年人滑倒，提高安全性	基础
	高差处理	铺设水泥坡道或者加设橡胶等材质的可移动式坡道，保证路面平滑、无高差障碍，方便轮椅进出	基础
	平整硬化	对地面进行平整硬化，方便轮椅通过，降低风险	可选
	安装扶手	在高差变化处安装扶手，辅助老年人通过	可选
门改造	门槛移除	移除门槛，保证老年人进门无障碍，方便轮椅进出	可选
	平开门改为推拉门	方便开启，增加通行宽度和辅助操作空间	可选
	房门拓宽	对卫生间、厨房等空间较窄的门洞进行拓宽，改善通过性，方便轮椅进出	可选
	下压式门把手改造	可用单手手掌或者手指轻松操作，增加摩擦力和稳定性，方便老年人开门	可选
	安装闪光振动门铃	供听力、视力障碍的老年人使用	可选
卧室改造	配置护理床	帮助失能老年人完成起身、侧翻、上下床、吃饭等动作，辅助喂食、处理排泄物等	可选
	安装床边护栏（抓杆）	辅助老年人起身、上下床，防止翻身滚下床，保证老年人睡眠和活动安全	基础
	配置防压疮垫	避免长期乘坐轮椅或卧床的老年人发生严重压疮，包括防压疮坐垫、靠垫或床垫等	可选

续表

类别	项目名称	具体内容	项目类型
如厕、洗浴设备改造	安装扶手	在如厕区或者洗浴区安装扶手，辅助老年人起身、站立、转身和坐下，包括一字形扶手、U形扶手、L形扶手、T形扶手或者助力扶手等	基础
	蹲便器改坐便器	减轻蹲姿造成的腿部压力，避免老年人如厕时摔倒，方便乘轮椅老年人使用	可选
	水龙头改造	采用拨杆式或感应水龙头，方便老年人开关水阀	可选
	浴缸/淋浴房改造	拆除浴缸/淋浴房，更换浴帘、浴杆，增加淋浴空间，方便照护人员辅助老年人洗浴	可选
	配置淋浴椅	辅助老年人洗澡用，避免老年人滑倒，提高安全性	基础
厨房设备改造	台面改造	降低操作台、灶台、洗菜池高度或者在其下方留出容膝空间，方便乘轮椅或者体型矮小的老年人操作	可选
	加设中部柜	在吊柜下方设置开敞式中部柜、中部架，方便老年人取放物品	可选
物理环境改造	安装自动感应灯具	安装感应便携灯，避免直射光源、强刺激性光源，人走灯灭，辅助老年人起夜使用	可选
	电源插座及开关改造	视情况进行高/低位改造，避免老年人下蹲或弯腰，方便老年人插拔电源和使用开关	可选
	安装防撞护角/防撞条、提示标识	在家具尖角或墙角安装防撞护角或者防撞条，避免老年人磕碰划伤，必要时贴防滑条、警示条等符合相关标准和老年人认知特点的提示标识	可选
	适老家具配置	比如换鞋凳、适老椅、电动升降晾衣架等	可选
老年用品配置	手杖	辅助老年人平稳站立和行走，包含三脚或四脚手杖、凳拐等	基础
	轮椅/助行器	辅助家人、照护人员推行/帮助老年人站立行走，扩大老年人活动空间	可选
	放大装置	运用光学/电子原理进行影像放大，方便老年人使用	可选
	助听器	帮助老年人听清声音来源，增加与周围的交流，包括盒式助听器、耳内助听器、耳背助听器、骨导助听器等	可选
	自助进食器具	辅助老年人进食，包括防洒碗（盘）、助食筷、弯柄勺（叉）、饮水杯（壶）等	可选
	防走失装置	用于监测失智老年人或其他精神障碍老年人定位，避免老年人走失，包括防走失手环、防走失胸卡等	基础
	安全监控装置	佩戴于人体或安装在居家环境中，用于监测老年人动作或者居室环境，发生险情时及时报警，包括红外探测器、紧急呼叫器、烟雾/煤气泄漏/溢水报警器等	可选

章节习题

选择题

1. 老年人心理疾病分为（　　）个阶段。

A. 3　　B. 4　　C. 5　　D. 6

2. 居家适老化改造实施流程为（　　）。

A. 组织实施→确定主体→组织评估→组织验收

B. 组织评估→组织验收→组织实施→确定主体

C. 确定主体→组织评估→组织实施→组织验收

D. 组织评估→确定主体→组织实施→组织验收

3. 以下不属于居家养老服务范畴的是（　　）。

A. 生活照料类　　B. 康复理疗类

C. 精神慰藉类　　D. 就医诊断类

4. 居家养老紧急救助服务是指在政府主导下，以______为基础，以______为支撑，以居家养老的老年人的______为导向，由政府和社会力量依托社区，在居家养老的老年人遇到突发紧急情况时为其提供的应急救援服务。（　　）

A. 家庭　新技术　安全需求　　B. 老人　社区　安全需求

C. 家庭　新技术　实际需求　　D. 老人　社区　安全需求

课后研学

呼和浩特打造“菜单式”居家养老　精神慰藉成“爆品”

“我们这里不仅有生活照料、医疗护理，还针对老年人的需求，推出了精神慰藉服务。目前，这项服务派单数量比较大，已超过其他服务。”呼和浩特市新城区智慧养老指挥调度中心主任白某说。

呼和浩特市新城区丽苑社区的李某由于工作繁忙，无暇照顾父母，本打算把父母送到养老机构，但一直犹豫不决。

如今，随着社区居家养老服务中心的投入使用，家门口的社区居家养老服务不仅保障老人饮食起居、提供日常护理，还准时送上生日祝福，带来精神慰藉，精细化养老服务让李某十分满意。

“这个菜单式居家养老服务太好了，项目种类多、标价清晰，为我们减轻了不少压力，老人在家养老也很开心。”李某说。

在新城区智慧养老调度指挥中心，大屏幕实时显示新城区各个为老服务站的信息，还可进行实时视频监控，老年公寓的床位数、入住率数据也一目了然，屏幕左下角则不断更新工作人员对老年人居家养老服务的接单信息，服务项目包括全屋综合清洁、擦玻璃、心灵慰藉等。

据了解，新城区目前60周岁以上的老年人占该区人口的12%，其中99.69%的老人选择居家养老。由新城区政府买单，让老年人享受政府购买的居家养老服务的内容包括生活照料、医疗护理、精神慰藉。有服务需求时，老人或其亲属可通过智能手机、电视、电脑下单，补贴通过“新城区试点社区老年卡”向满足申领条件的老年人发放。

白某告诉记者，以丽苑社区为例，65周岁以上的老年人有1 170人，占社区总人口数量的7.1%，按照户籍地与居住地一致的原则，丽苑社区65周岁以上老年人共有461人申领了新城区试点社区老年卡，每人每年享受200元的居家养老服务补贴金。

在居家养老服务需求中，比起基础护理，老人对心灵慰藉的需求更多一些。

“我们在实际工作中发现，辖区内的老人比较孤独，且普遍工资高、文化程度高，子女因为忙于工作不能常伴身边，大部分人家中有保姆，对保洁的服务需求数量并不太大，多数老人希望有人陪他们聊聊天。”白某表示，针对这一需求，新城区居家养老服务推出了精神慰藉服务，照护师会上门为老人送去生日祝福、节日慰问，组织包饺子、看公益电影等集体活动，并陪伴老人读书读报、下棋，为老年人提供心理咨询等服务。

据悉，新城区下一步将全面提升辖区为老服务水平，将建设3处社区为老服务餐厅，从而真正让群众得到更多实惠，让更多老人晚年乐享“夕阳红”。

问题：

1. 老年人如何实现享受居家养老服务?
2. 了解不同地域居家养老服务政策要求。

第四章

居家养老服务管理规范

居家养老适应社会发展，服务范围广，提供各方面的服务内容，让老人能自主安排自己的生活事项，还能利用各项资源，极大地满足老人的各项生活需求。建立健全养老服务管理制度，有利于推进社会养老服务体系建设，提升养老服务水平，并且有利于合理配置养老服务资源，充分调动和发挥社会力量参与，全面提升养老服务质量。

章节概况

做好居家养老服务管理是居家养老服务工作有序开展的基础保障，本章从居家养老服务人员管理、质量管理、安全管理等方面进行阐述。

学习目标

1. 掌握居家养老服务从业人员职责及要求
2. 了解居家养老服务基本管理内容

情景导入

北京市西城区聚焦失能老年人居家照护服务的刚性需求，形成“需求评估—上门服务—标准指导—市场运行—资金监管”的运行闭环，开展中、重度失能老年人居家照护服务试点，在试点中全面优化，确保精准实施，提升老年人的获得感和幸福感。

北京市石景山区针对护理员年龄偏大、素质不高、队伍不稳定等养老服务的短板，重点加强养老职业队伍建设，实施养老护理职业队伍培养的“百千万大培训工程”：首先，培训 500 名左右具有初级以上职业资格的养老护理专业人员。其次，针对 1 000 名左右的养老服务志愿者开展各类养老服务专业知识培训。最后，对 10 000 户左右的家庭成员开展失能失智居家养老护理知识的培训和宣传。在此基础上，加大政策保障力度，出台养老服务人才扶持政策，对北京市户籍养老护理员给予岗位补贴。

思考：

1. 目前我国养老服务从业人员情况如何？

____

____

____

____

2. 查阅资料，看看各地政府出台的养老服务人才扶持政策有哪些。

____

____

____

____

第一节　居家养老服务人员管理

一、人员配备

居家养老从业人员主要由管理人员和护理员组成。社区可吸纳素质高、有一技之长、愿从事助老服务公益事业的人员组成志愿者队伍，与辖区老年人结成助老服务对子，定期开展为老服务和其他公益性活动，为老年人解决实际问题。

二、人员职责

（一）管理人员

管理人员职责主要包括：

（1）制定居家养老的各项规章制度。

（2）做好各类经费的管理和使用。

（3）对辖区内的老年人进行摸底调查和评估。

（4）收集居家养老服务信息，做好各项数据的统计。

（5）招募、培训和管理护理员。

(6) 建立相应的安全机制并制定严格的护理员上岗程序（核实护理员提供的身份证明材料、培训合格证书和体检健康证明）。

(7) 代表机构与护理员签订劳动合同。

(8) 签订有关服务协议。

(9) 向老年人家庭选派护理员。

(10) 收集老年人反馈信息并定期回访。

(11) 对护理员的服务态度和服务质量进行考评。

(12) 定期进行消防、安全等方面的检查，及时发现问题，解决问题，做好巡检记录。

(13) 做好社区居家养老服务工作的宣传与咨询。

(二) 护理员

护理员主要职责包括：

(1) 为居家老年人提供生活照料、健康护理等服务。

(2) 服从工作安排。

(3) 上门服务时携带统一印制的派工单，统一胸牌、统一服装。

(4) 定期做好服务记录。

(5) 定期进行总结、交流工作，不断改进和提高服务质量。

(三) 志愿者

志愿者主要职责包括：

(1) 协助护理员开展居家养老服务。

(2) 利用专业知识为老年人提供相关服务。

三、人员培训

服务组织应定期对护理员进行上岗培训，培训时限和内容应符合相关规定。

四、人员考核

服务组织应定期对护理员进行满意度调查，以检验护理员的工作情况和服务质量。对于优秀的护理员，制定相应的奖励或晋级措施。

对于不合格的护理员，根据情节的严重程度可采取以下措施：

(1) 批评告诫。

(2) 进行再培训。

(3) 降低其职业等级。

(4) 解除劳动合同，不再继续雇用。

五、人员要求

(一) 管理人员

1. 基本要求

具有大学专科及以上学历，有一定相关工作经验。

2. 道德规范

（1）遵守社会公德。

（2）具有爱心且责任心强。

（3）关心、尊重老年人和护理员。

（4）严格履行服务承诺。

3. 管理技能

管理人员应关注老年人的需求，学习先进的管理理念和方法，不断提高管理技能，主要包括：

（1）具备宣传相关法律、法规及组织内部规章制度的能力。

（2）有一定的社会学、心理学、法学、管理学、老年人护理等基础知识。

（3）掌握与老年人、护理员、志愿者以及第三方服务机构的沟通技巧。

（4）能简单操作计算机，满足工作需求。

（二）护理员

1. 基本要求

护理员应具有初中及以上学历，经专业培训后持证上岗。

2. 道德规范

（1）遵守社会公德。

（2）具有爱心且责任心强。

（3）尊重老年人的生活习惯。

（4）保护老年人的个人隐私。

（5）严格履行服务承诺。

3. 服务技能

（1）生活照料。护理员应掌握生活照料的基本知识，根据老年人的生理和心理特点，对老年人的生活进行照料。生活照料基本技能应包括：

1）老年人居室的日常整理、清洁、消毒。

2）帮助老年人清洁个人卫生（如洗头、洗澡、清洁口腔、修剪指甲和整理仪表仪容等）。

3）衣物的清洗与保养。

4）照料不能自理的老年人生活。

5）科学、合理调配饮食。

6）及时、准确配送饮食。

7）正确使用基础家用电器、炉具和炊具。

8）协助老年人完成正常进食、饮水、排泄和给药。

9）对老年人的情况进行观察。

10）常见病的预防和陪护。

11）老年人出现意外情况时能及时呼叫救援。

（2）病人居家护理。护理员应掌握病人居家护理的基本知识，根据老年病人的病情、医嘱及心理特点，照顾其饮食和起居，为老年病人创造清洁、舒适、安全的休养环境。病人居家护理基本技能应包括：

1）老年病人的卫生护理。

2）掌握制作流食和半流食的方法。

3）掌握体温计、血压计的使用方法。

4）掌握冷敷、热敷等护理技术。

（3）健康保健指导。护理员应掌握健康保健基本知识，根据老年人的生理和心理特点，对老年人的生活习惯进行健康保健指导，帮助老年人掌握保健知识，树立健康观念，消除或减轻影响老年人健康的不利因素，预防疾病，促进健康，提高老年人生活质量。健康保健指导基本技能应包括：

1）对老年人常见病、多发病和传染病的咨询与预防指导。

2）对老年人生活习惯的健康指导。

（4）康复护理。护理员应掌握康复护理基本知识，根据老年人疾病特点，按照医护人员的要求，协助老年病人进行康复锻炼。康复护理基本技能应包括：

1）帮助特殊老年人进行肢体被动运动。

2）指导老年人使用各类健身器材。

3）协助完成个体康复计划的实施。

4）协助老年人开展闲暇活动。

（5）心理/精神慰藉。护理员应掌握心理/精神慰藉的基本知识，根据老年人的生理和心理特点，对老年人的心理进行护理指导。心理/精神慰藉基本技能应包括：

1）向老年人讲解心理保健知识。

2）观察老年人情绪变化，并能对老年人进行心理疏导。

3）与老年人进行情感交流并予以心理支持。

拓展阅读

为贯彻落实民政部《关于进一步扩大养老服务供给 促进养老服务消费的实施意见》中明确提出的“2022 年底前培训 1 万名养老院院长”的要求，江苏省福利协会开展 2021—2022 江苏省养老服务人才管理培训活动，通过科学拟定课程、开展专业化的培训，培训 6 000 名养老服务管理人才，打造一支适应养老服务迅速发展要求的高素质管理人才队伍，推动加快建设居家社区机构相协调、医养康养相结合的养老服务体系。培训一批养老服务管理及业务能手；构建一个省级养老专业师资资源库；编制一套养老服务新型多媒体培训教材模板；遴选一批优质养老服务实训基地；建立一个省级养老服务管理人才数据库。

第二节 居家养老服务质量管理

随着我国人口老龄化的日益加剧，以家庭为核心，以社区为依托，以专业化服务机构为载体，通过上门、日托或邻里互助的服务形式，为居家老年人提供生活照料、康复护理、医疗保健等服务的社区居家养老所模式，已成为绝大多数老人选择的养老方式。作为一种社会性公共服务，社区居家养老服务具有公平性、福利性的普遍特征，又具有需求个性化、多样化和不确定性的特点，其服务质量直接关系老年人晚年生活质量和自身的健康。因此，加强社区居家养老服务资源的整合和服务质量的科学管理，促进社区居家养老服务质量的提高，对于提高公共财政的投入效率，促进社会服务的公平、高效发展，保证和提高老年人的养老生活质量有着重要的现实意义。

例如，为在社会各个层面，尤其是在社区层面上，满足不断增长的老年人口的日趋多元的养老服务需求，涵盖养老服务供给体系、保障体系、政策支撑体系、需求评估体系、行业监管体系“五位一体”的南京市老年人照护统一需求评估体系在全市各区县推开。南京市政府针对老年人医疗护理、生活护理等多种服务需求订立了全市统一的评估标准和流程，匹配老年人养老需求和养老专业服务项目。一些区县结合自身实际，成立了老年照护统一需求评估工作推进领导小组，整合民政、卫计委、财政、医保办等部门共同推进，完善受理审核、综合评估、服务派送和服务转介等从前置评估到终端服务的流程，促进社会服务资源与老年人需求公平有效对接，竭力为符合条件的老年人提供便捷、持续、优质和相匹配的一体化养老服务。

但是，在养老需求评估体系推广过程中，在省、市、区、社区层面上并未形成相对应的养老服务平台，未能对各种养老资源及资源管理系统进行有效整合，也未能满足老年人群的多元、连续需求。同时，存在着老年人从健康到失能、失智过程的割裂式服务，使得服务质量参差不齐，服务对象无法获得服务延续，也造成了社区养老服务资源的浪费等问题。对于涉及生活照料、医疗护理和精神慰藉三个大类的助餐、助洁、助行、助急、助浴、助医、护理、康乐等养老服务，老年人关注的核心内容是助餐、助洁、助医和康乐等服务。他们对服务质量评价最高的是助洁服务，其次是助餐服务，助医服务质量明显低于前两者，而康乐服务质量与前三者尚有较大的差距。因此，建设多方参与社区养老服务平台，促进社区居家养老服务提升，满足不断增长的老年人口日趋多元的需求，也是当下一项迫在眉睫的任务。

居家养老服务应建设全领域覆盖、全功能服务、全方位监管的社区居家养老服务体系，打造“家门口的养老服务”。区级养老服务设施应侧重于对辖区内养老服务的资源整合、质量提升、综合监管功能；街镇养老服务设施应侧重于社区居家养老综合服务功能和监督管理功能；社区养老服务设施应侧重于基本养老服务供给功能。在政府引导下，鼓励培育或引进专业养老服务机构开展服务。社会力量运营的养老服务机构，应在民政或市场监督行政主管部门注册，同一区范围内开展连锁服务的可只注册一个具有法人资质的机构，其他连锁组织可实行报备制，各区可根据实际确定。

社区居家养老服务设施应选择在建筑物底层（若设在二层及以上的须有电梯）且相对独立，禁止使用地下层；应当配有与服务功能相适应的无障碍及照明、防滑、紧急呼叫、卫生消毒等安全防护设施。养老服务机构应配备与服务项目相适应的设施设备、场所和开展服务相适应的管理人员、专业技术人员和服务人员；具备良好的风险管控能力，应购买养老服务机构综合保险。社区居家养老服务应建立规范的工作服务流程、服务管理制度、服务质量跟踪回访制度等，同时应建立信息公示制度，制定服务细则，明确服务项目、收费标准、工作流程、服务承诺、投诉电话等，并在醒目位置公示，接受相关行政主管部门、服务对象和社会公众监督。

一、质量管理体系

（1）制定自我监管规章制度和实施程序。

（2）成立自我监管小组，成员可包括居家养老服务中心管理人员、服务提供者、社会工作者、服务接受者等。

（3）监管方式可采用监管人员实地勘察、技能考核、访谈、问卷调查等。

（4）定期进行养老中心的自我监察和评估，对不符合要求的工作进行分析与审评，制定改进措施和跟踪措施，不断提升服务中心的服务能力。

（5）建立持续改进机制和奖惩机制。

二、自我监管

随着居家养老服务中心的快速增长，社会对中心的监管也提出了更高的要求。就中心自身而言，要充分体现其人文关怀、人性化管理的理念，离不开严格规范的自我监管，只有形成科学化的自我管理、行业协会自律和职能部门监管的完善管理体系，才能更好地服务于老年人群。

三、质量管理基本要求

遵守国家和政府相关法律法规，合法运营，无失信或违法记录。服务场所宜选择在老年人口相对集中、交通便利的社区（村），以保证养老服务有一定的覆盖面。每年开放时间不少于250天，日开放时间不少于6小时。应具有与开展服务相适应的管理人员、专业技术人员和服务人员。具备良好的风险管控能力，投保居家养老服务中心综合责任险。应公示执业证照、服务项目、收费标准、工作流程、服务承诺、投诉电话和投诉处理程序。建立服务老人生活状况、家庭状况、身体状况、经济状况等个人信息情况档案，并逐步实现动态化、电子化管理。

运营主体应依法登记注册，具备相应资质证书，并应当将执业证照悬挂在醒目位置。应具有与业务范围相适应的固定的经营场所、设施设备和工作人员。制度建设应建立规范的工作服务流程、服务管理制度、服务质量跟踪回访制度、安全管理制度及应急预案等。

建立财务管理制度，各类开支项目清楚，凭证、账簿符合财务规定，社会救助、援助资金专款专用，有详细使用记录。有员工招录、培训、考核、奖惩、辞退等管理制度，完善服务人员上岗程序和岗位工作职责。与工作人员签订聘用合同或者劳动合同，并建立工作人员的人事档案。定期组织员工开展安全培训，制定各类“突发事件处置预案”并定期组织演练。贯彻执行各项消防法律法规，建立并落实逐级消防安全责任制和岗位消防安全责任制，明确岗位消防安全职责。定期开展满意度调查，听取老年人意见和建议并能及时研究采纳，改进养老服务工作。建立档案保存和保密机制，由专人及时汇总、分类和归档服务及管理过程中形成的合同、协议、文件、记录等资料。

制定突发公共卫生事件防控方案和应急预案，建立信息上报制度。通过公告、电话、短信、微信等多种方式向老年人及其家属发布防控服务通知，开展科普宣教。实行定期对公共区域喷洒消毒，对门把手、电梯按钮等触摸区域实行擦拭消毒，平时需做好场所通风。

四、质量评定

公开组织机构、服务内容及工作人员等基本信息并及时更新。建立服务质量跟踪与投诉渠道，开通咨询电话或设立意见本，广泛收集反馈信息。根据评价过程中发现的问题与建议，及时改进，不断提高服务质量。居家养老服务中心等级实行分级评定，五星级、四星级居家养老服务机构由市级民政部门负责评定，三星级居家养老服务机构由所在区级民政部门负责评定。等级越高，表示服务质量越高，服务设施设备越完善。居家养老服务中心等级评定一般每年集中开展一次，有效期为三年，三年期满后应进行重新评定，有效期自民政部门文件公布等级认定之日起计算。等级认定满一年的居家养老服务中心可以申请较高等级评定。

拓展阅读

扬中市居家和社区养老服务考核管理办法

一、考核内容

居家和社区养老服务组织、机构的日常运营管理状况。

二、考核方式

实行百分制考核，由市民政局委托专业的第三方服务评估组织，采取实地查看、电话回访、上门调查核实等方式，对照考核细则，逐项打分，综合评定。

三、考核分级及结果运用

考核共分为三个等级，考核结果与相关补贴挂钩。

（一）对于承接政府购买居家养老服务的服务组织，每季度考核一次，政府购买服务补贴资金每月发放一次。

每季度考核得分在 84 分及以下，或者存在“一票否决”情况的，为不合格，本季度第三个月及整改合格前相应月份的政府购买服务补贴资金不予支付，待整改合格后一并予以支付，并扣除本季度政府购买服务补贴资金的10%；考核得分在85～94分的为良好，按标准结算政府购买服务补贴资金；考核得分在95分及以上的为优秀，市财政给予不超过本季度政府购买服务补贴资金5%的奖励并表彰通报。

每年4月5日、7月5日、10月5日、12月20日之前，由居家和社区养老服务的服务组织向所在镇（街、区）民政部门提出申请，经审核后报市民政局养老服务科，逾期不报者视为放弃补贴申领资格。

（二）对于AA级（标准化）、AAA级（示范性）、镇级区域性居家养老服务中心，每年考核2次，其运行补贴每半年发放1次（分为1～6月、7～12月两个时间段）。

考核得分在79分及以下，或者存在“一票否决”情况的，为不合格，所考核时间段及整改合格前的运行补贴不予支付，待整改合格后予以支付，并扣除所考核时间段补贴资金的10%。如连续两次考核不合格，则不予发放所考核时间段的运行补贴。考核得分在80～94分的为良好，按标准发放所考核时间段的运行补贴。考核得分在95分及以上的为优秀，市财政给予不超过所考核时间段运行补贴资金5%的奖励。

另外，当年新建且运行不足6个月的居家养老服务中心不参与考核，不发放运行补贴。

每年7月5日、11月5日之前，由居家养老服务中心向所在镇（街、区）民政部门提出申请，经审核后报市民政局养老服务科，逾期不报者视为放弃补贴申领资格。

（三）对于老年人助餐点，每年考核2次，运行补贴每半年发放1次（分为1～6月、7～12月两个时间段）。

考核得分在79分及以下，或者存在“一票否决”情况的，为不合格，所考核时间段及整改合格前的运行补贴不予支付，待整改合格后予以支付，并扣除所考核时间段补贴资金的10%。如连续两次考核不合格，则不予发放所考核时间段的运行补贴。考核得分在80～94分的为良好，按标准发放所考核时间段的运行补贴。考核得分在95分及以上的为优秀，市财政给予不超过所考核时间段运行补贴资金5%的奖励。

另外，当年新建且运行不足6个月的老年人助餐点，可享受“每加工配制一份餐食补贴1元（对政府购买居家养老服务对象给予每客每餐1.5元的就餐补贴，以及60周岁及以上低保老人、失独老人助餐补贴）”，但不享受其他补贴。

每年7月5日、11月5日之前，由老年人助餐点向所在镇（街、区）民政部门提出申请，经审核后报市民政局养老服务科，逾期不报者视为放弃补贴申领资格。

第三节　居家养老服务安全管理

一、安全管理范围

居家养老服务中心的安全管理体系包括：设施设备安全、食品安全、消防安全、医疗护理安全、人身安全、财产安全、信息安全、突发事件应急管理和安全教育与培训的要求。

二、安全管理体系

（一）安全管理部门及职责

居家养老服务中心的安全责任人应是机构法定代表人或主要负责人。居家养老服务中心应依法建立安全管理部门，安全管理部门由安全责任人、安全管理人员、相关部门和具体实施安全工作的专（兼）职人员组成，逐级负责本机构的安全管理工作。

（二）安全管理相关工作人员的要求及职责

安全管理相关工作人员应熟悉国家和地方安全管理相关的法律法规及技术规范，并取得相关部门认可的资格证书，持证上岗，具备必要的组织协调能力和突发事件应变处置能力。

安全责任人的职责：全面负责本机构的安全工作，依法开展安全管理；建立安全管理部门和组织（含义务消防组织）；审查批准安全制度、组织制定并实施安全事故应急预案；定期研究、督导安全问题；及时、如实向上级主管部门报告安全事故。

安全管理人员的职责：负责本机构主管范围内的安全工作；负责制定安全管理制度和年度安全工作计划，组织实施日常安全管理工作；督促、落实隐患整改工作；定期向安全责任人报告安全工作情况，及时报告涉及安全的重大问题。

（三）安全管理制度

居家养老服务中心应遵守国家法律法规要求，建立健全各项安全管理制度。制度应包括但不限于：

（1）安全责任制度。

（2）安全教育制度。

（3）安全操作规范或规程。

（4）安全检查制度。

（5）事故处理与报告制度。

（6）突发事件应急预案。

（7）考核与奖惩制度。

安全管理制度应明确相关部门及人员的职责、权限、工作内容、工作流程及要求，应建立健全岗位操作规范。发生意外或可能引发意外的过失行为后，应按要求逐级上报。

报告程序应符合下列要求：

（1）发现设施、服务过程或服务对象存在安全隐患，工作人员应向安全管理人员报告，安全管理人员应及时组织力量采取积极的措施，消除隐患，并向上级报告。

（2）发生安全事故后，工作人员应立即向安全管理人员报告，并进行事故详细记录；安全管理人员应迅速向安全责任人报告；安全责任人应按照有关规定及时向上级主管部门和相关行政主管部门报告。发生重大疫情，应及时向机构属地疾病预防控制机构报告。

（四）设备维护保养

居家养老服务中心应对在用特种设备进行经常性日常维护保养，并定期自行检查。应至少每月进行 1 次自行检查，并做好记录。在自行检查和进行日常维护保养时发现异常情况的，应及时处理。电梯维护单位应至少每 15 天对居家养老服务中心在用电梯进行 1 次清洁、润滑、调整和检查，并做好记录。居家养老服务中心应指定机构对在用特种设备进行定期检验。在安全检验合格有效期届满前 1 个月应向特种设备检验检测机构提出定期检验要求。未经定期检验或者检验不合格的特种设备，不应继续使用。

（五）健身器材安全

健身器材的安全注意事项和警示标志应设置在活动区显著位置。居家养老服务中心应定期对在用健身器材进行清洁、润滑、调整、检查并维护，并做好记录。发现异常情况的，应及时处理。

（六）食品安全要求

居家养老服务中心应遵守国家食品安全相关法律法规和食品安全标准的要求，建立健全食品安全管理制度，采取有效的管理措施，保证食品安全。

（七）消防安全要求

居家养老服务中心应遵守国家消防安全相关法律法规要求，建立相应的消防安全管理制度。应按照《中华人民共和国消防法》的规定建立消防安全定期检查、自查自纠及第三方评估制度。对日常消防安全管理进行安全评价，并实施有效监控。

（八）医疗护理安全要求

居家养老服务中心内设的医疗机构应遵守国家医疗安全相关法律法规要求，依照卫生部门的规定，建立相应的医疗护理安全管理制度，对护理照料、医疗等重点安全问题进行监控。居家养老服务中心内设的医疗机构应接受卫生部门定期的监督检查。

（九）人身安全要求

居家养老服务中心应遵守国家相关法律法规要求，建立相应的人身安全管理制度。对故意伤害、走失、交通安全等重点安全问题进行监控。居家养老服务中心应对生活照料、日常管理、服务活动中涉及的有关人身安全问题进行安全评价，并实施有效监控和防范。

（十）财产安全要求

居家养老服务中心应遵守国家相关法律法规要求，建立相应的财产安全管理制度。对偷窃等重点安全问题进行有效监控和防范。

（十一）信息安全要求

居家养老服务中心应建立各类信息、档案资料保管制度。应严守国家保密法和保密守则，不泄密。不外泄个人隐私。信息应包括机构内部形成和采集的文字信息（含老年人健康档案、管理工作档案等）、图片信息、影像信息等。收集的信息应符合真实性、准确性、全面性、时效性的原则。应有专（兼）职人员负责信息管理，各类信息经过筛选和整理后，应当分类保存。重要的照片、影像等信息资料应采用适当的媒介保存。居家养老服务中心的管理、服务活动应有效地利用相关信息，作为工作的参考依据。

（十二）突发事件应急管理要求

应急处置责任人应由居家养老服务中心的安全责任人担任。居家养老服务中心的安全管理部门负责组织、协调应急处置工作，担负信息汇总上传和综合协调的职责。

（十三）应急预案

居家养老服务中心应制定应对自然灾害、事故灾难、公共卫生事件、社会安全事件等突发事件的应急预案，并结合本机构实际情况制定处置专项突发事件应急预案，包括火灾处理预案、食物中毒处置预案、传染病处置预案以及机构认为有必要制定的其他预案。应急预案的内容应至少包括：

（1）指导思想。

（2）组织机构。

（3）职责分工。

（4）处置原则。

（5）预案等级。

（6）处置程序。

（7）工作要求。

居家养老服务中心内全体工作人员应掌握应急预案内容并履行应急预案规定的岗位职责。应急预案应至少每半年进行一次演练。各类应急预案应根据实际情况变化不断补充、完善。

（十四）运行机制

应建立统一的安全突发事件监测、预警制度，完善监测、预警机制，加强对监测工作的管理和监督，保证监测质量。居家养老服务中心的安全管理部门应对可能发生的突发事件进行分析，按照应急预案的程序及时研究应对措施，做好应急准备。

（十五）报告

居家养老服务中心应建立健全突发事件报告制度。应按照突发事件报告的相关规定逐级报告。事件发生后，现场有关人员应立即报告安全管理人员或安全责任人，安全责任人接到报告后，应按照相关规定立即向上级主管部门及当地政府报告。应急处置过程中，要及时续报有关情况。

对重大突发事件不应瞒报、迟报、谎报或者授意他人瞒报、谎报，不应阻止他人报告。

（十六）信息发布

突发事件的信息发布应当及时、准确、客观、全面。

（十七）应急处置

居家养老服务中心安全管理部门应及时对突发事件的有关信息进行筛选、整理、评估，由安全责任人按照《国家突发公共事件总体应急预案》的分类分级规定，依级启动预案。重大级别以下突发事件应急处置工作由本机构安全管理部门负责组织实施。超出本级应急处置能力时，要及时报请上级安全管理部门提供指导和支持。突发事件得到有效处置，事态平息后，经组织专家论证后，安全管理部门根据突发事件处置情况终止预案。

（十八）评估与改进

应急处置结束后，居家养老服务中心安全管理部门对原应急预案进行评估和完善，修订后的预案应报主管部门备案。

（十九）安全教育与培训

安全教育与培训内容至少应包括以下内容：

（1）安全工作涉及的法律法规和规章。

（2）本部门或岗位的安全管理制度和操作规范或规程。

（3）设备设施、工具和劳动防护用品的使用、维护和保养知识。

（4）安全事故的防范意识、应急措施和自救互救知识。

（5）应急预案的演练。

（6）法律法规规定的其他内容。

安全责任人负责对安全管理人员的教育和培训，使之全面掌握居家养老服务中心安全监测、控制、管理的理论知识、专业知识和技能，并能指导实际工作。安全管理人员应组织本机构工作人员的安全教育和培训，使之掌握安全知识和相关安全技能；应对老年人进行重点安全预防知识教育，可采取多种形式进行安全教育和培训；应对教育和培训效果进行检查和考核。安全责任人、安全管理人员每年应接受在岗安全教育与培训；新员工上岗前应接受岗前安全教育与培训，并做好培训记录。

拓展阅读

一键求助、可燃气体感知、烟雾感知、人体红外感知……如果将这些设备安装在独居老人家中，会发挥什么样的作用？家住和平区南营门街吉星南里社区的肖奶奶，用亲身经历给出答案："对于我们老年人来说，这就是保护神。"不久前，民政部办公厅、财政部办公厅公布居家和社区养老服务改革试点工作 51 个优秀案例名单，天津市和平区"'智慧+'让居家养老更安全"案例上榜，这也是天津市唯一入选名单的优秀案例。

"那次是晚上，我睡着了，一楼着火，我的电话铃响起，工作人员提醒我，烟感报警器报警了，我还在纳闷家里没有着火的地方，没过一会儿，就有人来敲门，把我带出楼外，我才知道是别人家着火了。""智慧养老"带给肖奶奶的安全感不止于此，"还有一次，我回儿子家住，儿媳妇接到电话，说人体红外感知报警，未感应到我在家里走动，让家属赶紧回家看看。在这些设备的保护下，这就是一种安全感，子女也放心。”

据介绍，为了精准服务、织牢安全网，和平区以“五件套、三平台、一热线”为切入点建设8910智慧养老服务平台。为有需求的老人安装居家卫士“五件套”设备，提供一键求助、可燃气体感知、烟雾感知、人体红外感知以及通话等五大功能，实现实时分析、精准定位，一旦发生危险及时报警，有效引导应急服务队员入户服务。

和平区将8910智慧养老服务平台细化为区、街道、社区三级。其中，区级平台负责分派应急信息、出动应急队伍、服务回访；街道平台负责指导、监督社区养老服务工作；社区平台负责本社区老年人动态，提供基本养老服务和部分应急服务，动员社区各类力量参与养老服务工作。同时，通过微信小程序明确家庭成员义务，确保出现紧急情况第一时间向老人家属发出报警，实现了家属—网格员—应急队员联动响应，做到大数据统计和精细化管理。

老年人拨打和平区养老服务热线89108910可以了解周边养老服务设施的具体位置和最近的老年助餐点，还能预约上门理发、修脚、助浴、助洁等服务。

据了解，和平区已为区内2 500余户特殊老年人免费安装了居家卫士“五件套”智能设备，做到实时守护特殊老年群体居家安全。平台还集纳了全区64个社区分散统计的老年人信息、专业化养老服务机构信息、9大类应急服务事项，通过系统后台可快速查看老人基本信息、身体状况、养老需求信息等。

章节习题

判断题

1. 居家养老服务中心的安全管理体系包括设备设施安全、食品安全、消防安全、医疗护理安全、人身安全、财产安全、信息安全、突发事件应急管理等。(　　)

2. 专业护理人员无须接受培训，可以无证上岗。(　　)

3. 居家养老服务人员可以根据需求发展志愿者服务。(　　)

4. 居家养老服务中心等级评定每三年开展一次。(　　)

5. 居家养老服务中心等级评定的有效期为长期。(　　)

课后研学

宁波市海曙区在所辖社区内推行政府为高龄、独居的困难老人购买居家养老服务的政策，采用政府扶持、非营利组织运作、社会参与的运作机制，试图通过社会力量动员、政府与社区及民间组织合作的方式，建立起一种新型的社会化养老服务体系，具有重要的创新意义。

宁波市海曙区探索的政府扶持、非营利组织运作、社会参与的居家养老服务模式的主要做法是：由海曙区政府出资向非营利组织星光敬老协会购买居家养老服务；星光敬老协会负责项目运作，承担审定服务对象、确定服务内容、培训服务人员、检查和监督服务质量等工作；整合和利用社会资源，积极推行个人购买服务、企业认购服务、社会认养服务等，积极开展社会动员，扩大和完善义工队伍。

星光敬老协会经过逐户上门审核、摸查情况，最后确定近 600 名高龄、独居、困难老人能够获得政府为其购买的服务，服务的内容包括生活照料、医疗康复、精神慰藉，每一个老人的具体服务内容由服务员和老人根据需要来确定。

居家养老服务社每天都有两名工作人员深入各社区，到老人家中对服务员的服务质量进行追踪，听取老人的意见，以保证服务质量。服务员每天要将服务的内容记录到服务手册中，老人还要认可评定。

培训居家养老服务员和结对上门服务的志愿者。服务员是依托社区确定的，是一些下岗、失业人员。人员均须经过培训，取得上岗证后才能上岗，星光敬老协会专门组织培训，培训内容包括：思想道德教育、基础知识（老年人生理、心理特点等）、基本技能（老年常见病的发现、护理等）、宁波地方习俗及方言、家政服务等。

1. 开展居家养老服务项目时，居家养老服务中心需要提前做好哪些工作?

2. 如何发展居家养老服务志愿者?

3. 如何培训居家养老服务人员、提升服务质量?

第五章

居家养老服务信息化建设

随着社会老龄化程度的加深，传统的养老模式已无法适应当前的养老服务形势，寻求一种新型的多元复合治理手段，满足老年人的多层次需求成为必然趋势。智慧养老是运用居家老人、社区及养老机构的传感网系统与信息平台，并在此基础上提供实时、快捷、高效、低成本的，物联化、互联化、智能化的养老服务。这成为养老服务与管理发展的重要支撑。

章节概况

智慧养老以信息化养老终端采集数据为基础，利用互联网、移动通信网、物联网等手段建立系统服务与互动平台，通过整合公共服务资源和社会服务资源来满足老年客户在安全看护、健康管理、生活照料、休闲娱乐、亲情关爱等方面的养老需求，从而为广大老年群体提供一种新型的养老解决方案。

学习目标

1. 了解智慧养老的概念
2. 掌握智慧养老服务模式
3. 掌握“智慧养老＋物业”的服务模式

情景导入

在上海市老龄事业发展规划中，“科技老龄”一词被列入上海市要实现的总体目标之一。为积极推动信息技术为老服务的能力和水平，上海市首个市级综合为老服务平台上线试运营。该平台作为全市统一的为老服务门户及行业入口，旨在为老人及其家属提供各类与老年人需求紧密相关的实用信息，同时，也承载着打通养老服务社会企业间壁垒的功能。

随着物联网、云计算、大数据、移动互联网等技术的兴起，养老服务又新增了一项“抓手”，那就是依靠信息技术与养老服务相融合，在“软”环节上做文章，为老年人提供“触手可及”的智能化服务。综合为老服务平台不但整合了本市有关老年人的全方位“一揽子”统计数据，还提供各类实用信息的查询服务，比如老年人可享受的优待项目、维权点、机构办事指南等。此外，还有令人耳目一新的“养老地图”，小小的三维图囊括了本市699家养老机构的布点，日间照料中心、长者照护之家、老年人助餐点等点位信息，可以通过直接输入名称或区域进行一键查询。

思考：

1. 养老服务信息平台能解决哪些问题？

____

____

____

____

2. 查阅资料，看看各地政府实施智慧养老有哪些新举措。

____

____

____

____

第一节　智慧养老

一、智慧养老概述

智慧养老是指利用先进的IT技术手段，开发面向居家老人、社区、养老机构的网络系统与信息平台，提供实时、快捷、高效、物联化、智能化的养老服务。借助“养老”和“健康”综合服务平台，将医疗服务、运营商、服务商、个人、家庭连接起来，满足老年人多样化、多层次的需求。智能化、科技化已经成为养老产业新的发展热点，是目前中国养老产业发展中的一个重要方向。

借助智能化平台，众多优质的养老服务资源被整合到了一起，平台将这些资源和老年人进行有效对接，从而满足老年人的不同服务需求。

“智慧养老”概念的提出，源于“智慧城市”这一发展理念。自提出“智慧城市”以来，许多城市都积极推动公共服务功能的技术化与信息化，而这些科技化手段同样也为养老服务的智能化创造了客观条件。

随着科技信息化水平的发展，现代通信技术、网络技术等智能化产品在老龄服务业中的作用更加明显。毋庸置疑，与传统养老相比，智慧养老借助信息技术极大拓展了需求响应的范围，丰富了服务的广度和深度，为整个养老产业注入了新鲜的血液。

二、智慧养老背景

《2021—2022 中国养老产业发展白皮书》的数据显示，国内养老机构收留老年人的数量仅为全国 65 岁以上老年人总数的 2.1%和全国失能老人总数的 8.5%。日益增大的养老压力与需求倒逼养老服务必须扩大市场规模。

中国的养老服务模式主要依靠传统的家庭、机构和社区三方面的支持。一般情况下，子女由于工作、生活等方面的压力，无法为父母提供全面的养老服务，家庭养老的效用尚未真正发挥作用；机构养老因资金投入不足、养老床位紧缺以及专业人员的缺乏而受到种种限制；社区养老也由于传统意识束缚、社会资源整合度低等因素造成服务效果尚未最大程度发挥。

随着老龄化程度的加深，传统的养老模式已无法适应当前的养老服务形势，发挥科技优势，加强信息化建设，寻求一些新型的养老模式成为必然要求。

三、智慧养老政策

2015 年，国务院印发的《关于积极推进“互联网+”行动的指导意见》中明确提出了“促进智慧健康养老产业发展”的目标任务。这意味着智慧养老上升到了国家战略层面，成为养老行业新的赛道。

为加快智慧健康养老产业发展，工业和信息化部、民政部、国家卫生计生委曾制定了《智慧健康养老产业发展行动计划（2017—2020 年）》（以下简称《行动计划》）。2024 年 1 月，国务院办公厅印发《关于发展银发经济增进老年人福祉的意见》，将智慧养老产业作为银发经济的核心增长点，推动“技术研发—产品服务—场景应用”全链条发展，并提出以下要求：到 2025 年，实现智慧养老技术与产品在居家、社区、机构等场景的规模化应用，形成可复制的标准化模式；重点推动 5G、人工智能、物联网、大数据等新一代信息技术与养老服务深度融合，聚焦老年人安全监护、健康管理、生活辅助、情感陪伴等核心需求，开发适老化智能产品。

《行动计划》提出，要加快智慧健康养老产业发展，基本形成覆盖全生命周期的智慧健康养老产业体系，建立 100 个以上智慧健康养老应用示范基地，培育 100 家以上具有示范引领作用的行业领军企业，打造一批智慧健康养老服务品牌。

四、智慧养老模式

（一）杭州模式

全市统一公开招标，建立服务商资格库，各区再从库中自行选择。市里通过公开招标有 6 家服务商入围。招标方式采取的是定价招标，通过固定价格，避免服务商低价投标恶性竞争的行为，把重心放在服务比拼上。

与此同时，服务项目三类共有 13 项服务。其中一类服务为本轮项目的重点，服务内容以“助急”为核心，在保留上一轮紧急呼叫、亲情通话的基础上，强化应急救助服务，新增对孤寡、独居老人的主动关怀和特殊时段的“助急”内容，老年人无需付费；二类服务为“七助”服务，包含“助急”“助洁”“助餐”“助医”“助浴”“助行”“助聊”等内容，服务商主要起牵线搭桥的作用，服务面向所有老年人，并提供优惠价格，由老人自行付费；三类服务为具有区域特色的服务，要求服务商整合区域为老服务资源，向全区 60 周岁及以上老年人，推介所在区域政府购买服务及公益服务内容，老年人可无偿或低偿享受服务。

服务终端也从原先单一的手机、固定式终端转为五大类，以适应更多个性化需求。具体包括无线呼叫器；传统的带有红绿按钮的老人手机；可穿戴类设备，如智能手表；与固定电话连接的居家式终端，设备还包括安装在家中的一些红外线、门磁设备；其他服务商自行开发的科技产品，符合要求，并经专家评审通过，也可纳入。

（二）广东模式

打造养老企业总部经济中心、养老金融创新中心、养老服务教育培训科研中心、高科技老年用品研发制造中心、养老用品会展营销和国际分销中心，同时尽可能地发挥经济特区的优势，结合金融、产业、科技、人文等要素，大力发展集“养老＋医疗＋保险＋文化＋科技＋金融＋地产＋购物＋休闲”于一体的现代养老服务业。

（三）巴中模式

四川省巴中市依托全市 4 个国家森林公园、1 个国家地质公园、12 个 AAAA 级景区和 17 个国有林场，重点发展森林康养产业，并与海南多地市合作，形成“三亚过冬、夏居巴中”的跨地域生态康养产业链。以“清心避暑、赏心观景、潜心静养、舒心健身、安心疗养”为主题，打造光雾山—米仓山、诺水河—空山森林公园、镇龙山、天马山、佛头山森林公园森林康养基地。力争在 2030 年建成一批标准化精品老年度假基地，把巴中打造成中国最佳森林康养目的地。

（四）云南模式

构建智慧社区居家养老服务平台，推行“线上＋线下”的智能社区居家养老方式。采用科技化、智能化、云计算的手段，实施“健康管理、紧急救援、医疗康复、生活服务、机构管理”五大方面，以及结合人体感应、跌倒报警器、智能床垫等硬件支持，建立健康数据档案、健康分析报告。采用手机 App，随时了解老人的健康状况，实现实时主动监测和及时报警等。无论子女身在何处，打开手机，均可传递子女关爱及孝心，关注老人身体状况。

（五）厦门模式

打造“智慧养老平安铃”终端设备，通过内置号码卡，可设置 4 个亲情号并实现一键拨打，同时还具备 SOS 紧急求救、定位等功能。如遇紧急情况，老人可通过终端设备一键接通 12349 市民养老公益平台，接线员及时了解老人情况后，通过定位功能为老人提供紧急救援服务、精神关怀、便民服务等多项关怀服务。

（六）上海模式

“海派文化，智慧养老”提供管家服务、健康管理、医养服务、智慧讲堂、文化养老、开心农场、智能信息、志愿者服务等，让长者们享受有尊严、快乐的养老生活。可满足长者医、食、住、行、乐、学、养等方面的多样需求。如房间门前设置一个记忆板，可以搁置家人相片或其他长者们熟悉的物品，方便回家辨识；大门配有电子智能门锁，弹性地板有效防滑防摔；房间内装有不活动监测器，应对紧急突发状况；智能电视机实现远程亲情互动、一键呼叫管家服务等。

（七）北京模式

五级战略服务体系给予全方位的诠释：

第一级，BKCN 腕带智能终端。方便穿戴，操作简单，智能科技，全天候服务，发生任何危险状况，立即启动救援机制，生命体征检测，健康管理及时启动报警和救援，从而关爱老人。

第二级，App 云平台智护服务。提供云端服务管理与监控，健康管理、数据分析、信息咨询、疾病分析等适时提醒子女和监护机构提供照护服务，并为老年人推荐个性化生活服务及医疗服务等。

第三级，社区养老服务馆。落地就近养老服务，提供私人医疗方案、养生保健、健康体检、产品体验、信息咨询、问题解答、养老文化活动等。

第四级，救护服务。家人陪同下救护。提供远程医疗监护服务，将百康星居家养老服务平台与“120”救护车的监控系统连接，实现对老人救助过程的实时互通。

第五级，服务监控。呼叫中心客服，一站式呼叫中心平台，提供 7×24 小时专人服务，提供紧急服务、健康咨询、医疗咨询、服务回访和评价等信息内容，其意义在于搭建“没有围墙的养老院——智慧居家养老服务平台”。

相关知识

场景1 老年人防跌倒场景

针对有轻度行动障碍或发生跌倒事故风险较大的老人，通过使用可穿戴设备、助行机器人等各类跌倒防护产品，帮助老人居家或外出时独立行动，当老人发生跌倒事故时能够大幅降低身体伤害。产品轻便易用，保护效果好。产品方或服务方应为老年人或家属提供相应的使用培训服务。

场景2　老年人紧急救援场景

（1）自主救援场景：提供一种使用方便、操作简单、服务精准、收费不高的老人紧急救助整体解决方案。重点解决老人不愿意安装或佩戴设备、设备使用过于复杂、设备功能单一、紧急呼叫后续服务不完善（例如如何对接120）等问题，随身佩戴的手环、手表类设备应具备较长的电池续航时间，“一键通”电话机等固定安装设备宜具备语音唤醒和呼救语音识别等功能。

（2）无感监测报警场景：主要针对老人无人看护时的监测报警需求，老人发生中风、跌倒、心梗等意外情况时，能及时监测、发出报警信息并通知到监护人或其他指定人员，便于第一时间发现并实施救助。要求设备检测率高，误报率低，便于安装，能保护老人隐私，价格适中，并能解决供电、通信等问题。

场景3　认知障碍老人防走失场景

一种方便易用、老人接受度高、定位准确、后台支持成本低的防走失解决方案。

（1）居家场景：主要针对轻度认知障碍老人，解决老人出门后忘记回家或忘记家庭地址的问题。

（2）机构场景：主要针对中度和重度认知障碍老人，解决老人抗拒佩戴设备、故意损坏设备的问题。

场景4　老年慢性病用药场景

应用互联网+技术，提供老人每日开药、取药和服药的一站式解决方案。例如可在老人家庭、养老机构或家门口服务点配备智能药箱，采用人脸识别等技术供多个老人取药、用药，具备界面友好、简单易用的自动分药、用药提醒功能。此外，在具备条件的场所（如养老机构），缺少药物时能够报警并远程对接内设医疗机构或社区医疗机构，实现远程开药、远程刷医保卡买药、对接医药企业送药上门。

场景5　老年人卧床护理场景

提供智能化多功能护理床解决方案，要求具备“二便”处理、辅助翻身、体位调整、生命体征监测及报警、预防褥疮等功能，购买价格适中，年综合成本较低（支持租赁服务）。

场景6　家庭照护床位远程支持场景

提供家庭照护床位的集成式智能化设备解决方案，要求设备具备卧床护理、离床感应、体征监测、紧急呼叫、数据回传、远程指导等功能，可通过视频通话等方式指导老年人家属开展日常护理和突发情况应急处理，体积小巧，安装简便，购买价格适中，年综合成本较低（支持租赁服务）。

第二节　智慧居家养老平台

居家养老已是世界公认的理想养老模式。信息化系统是构建居家养老服务体系的重要技术支撑载体，可通过运用各种先进的信息技术（物联网、互联网、智能呼叫、云技术、移动互联网技术、GPS定位技术等），创建“系统＋服务＋老人＋终端”的智慧养老服务模式。借助系统平台，老人运用一系列智能设备（如老人机、腕表、无线传输的健康检测设备）实现与子女、服务中心、医护人员的信息交互。老人不必住在养老院中被动接受服务，在家就可以挑选、享受专业化的养老服务，涉及生活帮助、康复护理、紧急救助、日间照料、人文关怀、精神慰藉、娱乐活动、法律援助等“医养”结合的服务项目。

一、平台主体

由项目运营部门、社区、老人及其亲属、服务商家、项目监管部门组成。

二、平台作用

构建居家养老服务体系面临的问题与智慧居家养老服务平台的作用见表5-1。

表5-1　构建居家养老服务体系面临的问题与智慧居家养老服务平台的作用

对象	构建居家养老服务体系面临的问题	智慧居家养老服务平台的作用
老年人	记忆力下降、视力衰弱、手脚不便，老年病、突发病较多，子女不在身边，空巢率高，服务单一，无法满足老年人“医养”养老需求	一键呼通、随时定位、健康监测、智能关怀、居家安防
社区（或主管部门）	没有完整的老人养老档案，无法整合各种养老资源，没有市场化收入模式，难以对公益化支出作出有效补偿，难以保证服务体系持续健康发展	养老档案全面管理、服务工单动态管理、服务机构组织管理、呼叫中心热线管理、健康服务管理服务对接及过程监控
各级政府	“政府主导、社会参与”，在具体落实的时候没有形成机制及管理模式，没有老人和相关服务资源数据，无法为科学决策提供翔实的依据	构建市、区、街道、居委会四级养老服务管理体系
养老产业（居家养老服务中心、养老护理中心、敬老院等服务机构）	没有力量对分散的老人进行有效的市场开发；营销成本较高，收益较低，管理水平不高，行业没有形成良性发展的环境	提高服务订单和客户来源；可有效利用老人档案和社区渠道拓展服务范围

三、平台功能

打造“公益化为前提、社会化为基础、市场化为方向”的信息化、智能化的“虚拟敬老院”运营方式，在政府资金资助和政策支撑下，采用“有偿、低偿、无偿服务”相结合的方式，不断发展和丰富养老服务项目，并积极探索结合社会养老资源基础上的市场化、社会化的运营方式，在坚持保本微利的前提下，构建一种规模化、智能化、精细化的居家养老服务及组织管理模式，实现项目的可持续运营。

（一）管理功能

1. 基础数据信息

社区管理、服务商管理、医院管理、员工管理、医生管理、设备管理。

2. 老人档案管理

基本资料、亲属信息、健康档案、就诊记录、体检记录、用药信息、兴趣爱好、发卡管理。

3. 信息互动

短信（微信）模板、短信（微信）群发、通知公告、通讯录管理、知识库管理。

4. 健康管理

健康数据、评估记录、随访记录、预警记录、体检记录、护理记录、就诊记录。

5. 统计分析

老人统计、人员统计、工单统计、设备统计、商品统计、工作量统计。

6. 定位管理

实时定位、历史轨迹、电子围栏。

7. 居家安全

告警信息、布撤防管理、视频监控。

8. 结算管理

佣金结算报表、服务卡结算、商城结算。

（二）服务功能

1. 紧急救援

紧急、重大事情，比如突然生病、家中着火等，客户按下红色按钮，客户端的主界面出现呼叫求助信息列表。针对老人突发性事件和身体不适，提供各种紧急救援服务。包括通知物业保安、老人子女、居委会以及卫生医疗机构、120 等。中心坐席人员会在第一时间，尽快根据老人的地理信息和历史记录，全方位地通知有关人员赶到现场，从而保障老人的生命财产安全。

具体实现方式：老年人通过配备的专用终端或通用的电话终端，按指定键或者拨打指定的平台电话，系统会自动进入紧急救援服务状态。呼叫中心坐席人员的电脑立即显示出和该老人有关的信息，通过和老人通话，了解状况，并作相应处理；同时通过电话、短信、微信通知指定的家属，如接通无人应答，则启动紧急流程，通知物业保安或社区养老站上门查看处理。

对于没有配备含 GPS 功能的手机的用户，系统自动在地图上显示其登记的住址；对于配备含 GPS 功能的手机的用户，系统会自动在地图上显示其现在所处的位置，方便救援。

2. 生活求助

一般性的求助信息如送水需求、电灯坏了等，客户按下绿色按钮，客户端的主界面出现呼叫求助信息列表。

主要的服务内容包括养老服务、家政服务、健康咨询、送水送餐、订票、就医预定、法律维权、心理咨询等。主要是通过平台系统整合第三方单位及服务信息，根据老人的需求，进行电话转接完成，从而为老人提供多方位的专业的服务对接。

3. 老人定位

老人迷失方向、外出突发疾病时，按呼叫终端紧急按键（SOS），平台能迅速找到老人所在的位置，子女也可以主动查询老人位置。

4. 主动关怀

平台可按一定条件（地理区属、年龄、性别等）选择对应的老人，自动或人工手动通过短信、微信、语音给老年人的手机、固定电话发送文字、语音消息。内容包括：生日提醒、用药提醒、保健养生、天气预报、政策法规、老年活动等。

5. 社区呼叫业务

针对所有呼叫，社区服务中心以及响应的处理点通过监视器的弹屏能够第一时间获知，在屏幕上以醒目的窗口提示。系统可以根据来电号码与老人资料进行匹配，跳出该呼叫号码对应老人的详细信息，包括病史、亲人资料等。

6. 远程健康监护

老人可以使用指定的一些健康监测仪器（比如心电仪、血氧仪、血压仪器、血糖仪）来测量身体的各项健康指标，这些信息会自动传送到服务中心，服务中心给老人自动建立健康档案库。当监测到健康状况异常时，系统会自动提示服务中心人员，也会自动给老人子女发送必要的短信息，告知老人的健康状况异常，应及时去就诊。

拓展阅读

芜湖市镜湖区：国家级智慧养老试点的创新实践

镜湖区是安徽省首个入选“国家级智慧健康养老示范基地”的城区，通过“科技＋服务＋机制”三位一体的模式，打造了覆盖全域的智慧养老网络。

开展“家庭养老床位”革命

为失能、半失能老人家庭安装智能床垫（监测心率、呼吸、离床时间）、智能摄像头（AI 识别跌倒风险）、紧急呼叫按钮，数据实时上传至区级智慧养老平台。平台联动社区卫生服务中心和签约医生，出现异常时自动派单上门检查。2023 年通过智能设备预警处理紧急事件237起，较传统模式响应速度提升60%。

建设“无感化”社区养老

在社区养老服务中心、老年食堂等场所部署人脸识别系统，自动记录老人活动轨迹；智能手环实时定位，防止走失。老人“刷脸”就餐，系统根据健康档案推荐菜谱（如糖尿病老人自动匹配低糖餐）。通过智能手环监测老人活动量，生成个性化运动建议，降低慢性病风险。

精准调度“15分钟服务圈”

老人通过APP或电话一键预约助浴、保洁、陪诊等服务。平台承诺“15分钟内响应，1小时内上门”。2023年服务响应率98.7%，满意度达95%。

第三节　智慧养老＋物业

物业作为社会服务的一个重要分支，在社区中扮演着服务者兼管理者的角色，它不仅在社区建设中发挥着重要作用，而且在社区养老事业的发展中有着得天独厚的优势。如今，一些地区在探索这种以物业和养老为主体的“智慧养老＋物业”服务模式。

一、“智慧养老＋物业”服务模式概念

（一）定义

“智慧养老＋物业”服务模式就是将智慧养老中的智能技术优势与物业全天候、近距离、响应快的服务优势结合在一起，实现一种以社区为载体、以物业管理为中间平台、以机构为辅助和以互联网、大数据、人工智能等为支撑的，为老人提供更加便捷及时、个性和人性服务的养老新模式。

物业在此模式中可通过公共养老信息平台或单独建设的智慧养老系统，提供特有的物业“心”服务，如机器智能送餐、智能上门送药等，满足部分老人的基础生活需求。同时，与平台或系统链接和引入各类专业机构，如医疗机构、心理咨询机构、康复治疗机构、家庭护理机构等为老人提供专业服务，当老人发出需求时，对应的机构可通过线上接单，然后以线上视频或电话的远程方式或者线下实地上门服务的方式实现老人零出行服务。除此之外，在技术允许的条件下，还可通过平台或系统绑定老人随身穿戴及家中所有的智能设备，实现老人生活信息数据在个人、家属和平台或系统间的实时分享和查询。当信息数据出现严重异样或老人发出各类救助警报时，在系统的提示下，物业方可与家属同时响应，及时对老人进行巡视和急救。物业方还可根据数据分析结果了解社区老人的身体状况，对社区的设施设备进行可行的适老化改造，开展适宜的社区养老活动。对于有特殊需求的老人，还可为其提供专属的个性化服务。随着物联

网、人工智能、智能家居在养老领域的不断研究和开发，这一模式的智能程度将得到进一步提升。

（二）模式特点

“智慧养老+物业”服务模式作为养老模式的一个新探索方向，它不是养老和物业的简单相加，而是两个服务领域的有机融合，在多类技术的支持下，把养老化作物业的业务模块，使物业成为养老服务的提供者和社会养老事业的参与者。

与传统的养老模式相比，“智慧养老+物业”服务模式的特点之一在于服务的提供和实现离不开养老平台或系统。在当下诸多行业和服务的操作都需依托互联网平台实现的背景下，该模式引导下的养老服务也是如此，只有在平台和系统的支撑下，物业方才能将周边的服务资源优化整合进入社区为老人所用，老人的个人信息数据也才能得以收集分析为物业或相关机构所用。特点之二在于“智慧养老+物业”服务模式在某种意义上可以说是一种“无形”服务，其无形主要表现于智能养老设备在老人生活中的使用，可以在不影响老人正常生活的条件下实现其生活状况和身体数据的即时观察和记录，记录的数据通过系统信息分析可预判老人的下一步需求，然后做到于无形中了解服务需求并实现需求。总的来说，这种模式的提出不仅是对我国养老模式的一种新思考，还是养老产业和科技行业的和谐共生及合理融合，其推广定能实现社会效益与经济效益的双效统一。

（三）实施背景

首先是国家政策对养老事业发展的大力支持。党的十八大以来，人口老龄化趋势愈发严峻，社会养老工作面临新形势、新任务和新挑战，国务院、民政部、财政部及各地方政府都相继出台诸多帮扶养老事业发展的政策规定，这些都是国家致力于养老模式探索的顶层设计的体现。同时，在国务院办公厅印发的《关于推进养老服务的意见》中还明确指出，要探索“物业服务+养老服务”模式，支持物业服务企业开展老年供餐、定期巡防等形式多样的养老服务。国家对这一模式的准确定位，为“智慧养老+物业”服务模式的发展提供了更深层次的政策指引和社会支持。

其次是社会经济发展，生活水平不断提高，老人对养老品质的要求越来越高。他们对养老的设定不再只是衣食住行的简单满足，而是更高层级的精神层面、心理层面的关怀需求和个人价值的体现，这种变化表现在老人更加多元化和个性化的养老需求上。需求的变化是市场发展的内生动力，老人的这一需求变化必将进一步刺激养老行业发展的转型升级，为养老模式的探索提供良好的基础。

当前，“智慧养老+物业”服务模式不失为一种有时代特色和发展潜力的新型养老模式，它的应用不仅补充了我国的养老模式体系，对其他养老模式的探索也具有借鉴意义。

二、“智慧养老+物业”服务模式的创新

（一）模式的独特之处

“智慧养老+物业”服务模式是一种以创新服务模式、增加服务参与对象、拓宽服

务领域的方式，保障和满足新时代养老需求者服务要求的新型模式。它的独特之处不仅在于对科技的运用，还在于对模式中每一参与主体的作用及重要性的新定位。

老人是服务的主要对象及参与者，直接主体的满意度在一定程度上决定着模式创新成功与否。在模式试行期间要加大宣传力度，鼓励老人体验，有针对性地解决问题，并构建完备养老体系和智能设备教学课堂。

子女作为模式间接参与主体，其态度是影响老人参与意愿的第一因素。子女的建议或想法有时会直接决定老人选择何种养老模式，所以赢得子女的青睐是模式推行的关键一步。此时，物业可提供子女代体验项目，让子女通过亲自经历消除后顾之忧。

社区作为模式运行的载体，其是否包容开放与支持养老事业发展的态度是该养老模式能否得以顺利推行的关键。应通过加强宣传、完善政策制度等提高社区对养老事业发展的配合度。

第三方机构是专业服务的主要提供者，包括医疗机构、护理机构等。国家应以政策配套和政策优惠的方式，鼓励机构参与养老，与物业一起打造一支专业度高、融合度好的团队，满足老人的各类需求。

科创公司是智慧养老平台和智能养老设备的研发维护者，其设备技术的支持是此类智慧养老模式运营的基础。在此过程中，应做好物业方、机构方、科创公司方数据利用和信息互换的工作，通过信息共享提高产品服务质量，实现合作共赢。

物业服务企业是平台综合管理者，是整个运营模式的核心，上游对接科创公司及专业服务机构，下游和需求者直接接触，是实现上下游双向沟通的桥梁，在模式运行中起着承上启下的作用。在此过程中，物业服务企业首先要增强自身发展实力、树立良好企业形象、努力寻求合作、积极筹集资金，为模式运行打好自身基础。

政府是打造新型养老模式的助力器，政策引导和资金支持是新模式发展的重要助力，在推行发展中，政府应积极运用自身在社会中的公信力优势为新模式发展保驾护航。

（二）模式创新点及特色

1. 模式创新点

与时下众多养老模式相比，“智慧养老＋物业”模式的创新点主要在于基于科技的养老平台创新及智能设备运用给养老领域带来的养老自主化、产业链条拓展升级和养老市场有序化的积极变化。

养老自主化是指老人掌握个人养老的主动权，可以对服务进行自我选择。在平台上，老人可以像网购一样根据自己的需要购买各类养老服务并自定服务时间，告别强给式养老，节省老人的时间、精力和经济成本，提高老人服务的体验感和被尊重感。

产业链条拓展升级是指在这种模式下增加了物业与科技产业、机构与科技产业、机构与物业、养老与物业之间的产业链接，拓展了原有的养老产业链条。同时，该模式集结的各方资源还将推动整个养老产业发展从低质量到高质量的升级。

养老市场有序化主要是指在互联网公开透明的特性下，行业服务价格的公开明示和社会大众的监督，可助力养老市场的规范发展。同时，模式内主体间的相互监督也将推进养老市场的有序发展。

2. 模式特色

相较于以往的养老模式，“智慧养老＋物业”服务的新型模式对解决老人的需求更具针对性，具体的模式特色表现在其科创性、及时性、全天性、个性化和高信任度这五个方面。具体阐释如下：

（1）科创性。应用互联网、大数据、人工智能等新技术，配以以物业企业为首的创新服务养老模式，为老人提供质量更高、内容更全的服务。

（2）及时性。科技的介入，数据的预判，实现需求的一秒下单，服务的下一秒反应和危险的及时发现，救助的及时进行。

（3）全天性。物业服务人员 24 小时轮岗值班，智能养老设备 24 小时运作，实现服务的全天性持续。

（4）个性化。平台、设备及人员的全天候运作，让养老服务不再定点定时定标准，实现老人的个性化服务要求。

（5）高信任度。社区是老人熟悉的生活家园，物业是为社区提供日常服务的企业，老人对这两者较了解，对其信任程度高于其他的机构和组织。

三、模式发展存在的困境

在“智慧养老＋物业”的发展过程中，存在的困境主要有如下几个方面：

（1）部分老人观念陈旧，对新事物持抵触心理。这部分老人难以适应经济和社会的变化，对一切新鲜事物都是避而远之，拒绝尝试，同时其养老观念和消费观念比较落后，不愿意为自己花钱，不舍得花钱，认为养老只要有口饭吃即可。对于这部分老年人，让他们接受“智慧养老＋物业”服务模式的难度极大。

（2）物业方在养老服务专业性上的欠缺。首先，养老服务不同于一般的服务行业，它需要服务人员具有一定的医护、心理咨询、营养学等方面的专业知识，对人员素质的要求较高，目前我国物业服务企业普遍缺乏该类专业人才，在职员工也大多无此类专业知识的学习经历。其次，作为一个与“智慧”融合的服务模式，物业方作为平台的使用者或管理者应当具备一定的技术人员，但这类人员的专业门槛较高，物业服务企业缺少专业的人员。

（3）平台或系统服务范围局限。物业服务企业虽已存在一些可为老人提供基础生活服务的平台，但该类平台的使用者多是大型物业企业，中小型企业涉及较少，平台涵盖的企业范围有限。此外，搭建的平台或系统所能提供的多为一些上门送餐、送药、问候等基础性服务，涉及专业领域的服务，如医疗、康复及护理方面寥寥无几，平台服务内容局限。

（4）智能设备未真正做到适老化和安全化。未能适老化体现在许多智能设备只注重于让设备如何智慧，而忽略了如何让老人使用更方便。在实际使用中，老人会因使用不方便或操作不熟悉而减少对相关设备的使用频次甚至放弃使用。未做到安全化体现在某些不达标的智能设备对老人身体具有一定的辐射危害，影响老人身体健康，同时智能设备数据包括老人生理数据及生活数据存在被窃取的隐患，易侵犯老人的隐私。

（5）缺乏资金投入。我国养老产业还处在初级发展阶段，其盈利难的问题尚未得到破解，不仅限制了物业服务企业在养老产业的布局，也使得养老产业难以吸纳到社会资金的投资。同时，物业服务企业作为服务型企业，本身存在着资金匮乏问题，在未找到合适的经营盈利模式前，将无法大规模深入养老产业发展。

拓展阅读

重庆鲁能社区“物业+养老”试点实践探索

重庆市以鲁能社区6街区作为试点，成立了社区养老服务站，为辖区内的空巢老人、独居老人、特困家庭、留守儿童、残疾人以及60岁以上老年人，提供居家上门服务，包括生活照料、家政服务、医疗保健、精神慰藉等；通过整合周边志愿者、企业、爱心人士等各种优质资源，建立合同式养老服务业者联盟，建立一公里服务圈，提供包括餐饮、康复、护理、助浴、助急、助洁、助购、助医等服务，为老人提供菜单式的便利养老服务。

鲁能西路社区的居家社区养老服务主要依托社区内设立的养老助残服务站来开展，由之平物业发展有限公司运营养老机构。旬彩长者服务便是由之平管理专门成立的养老机构，提供社区养老、居家养老、机构养老以及养老社区的营运和管理服务。该养老助残服务站嵌入社区，辐射周边鲁能西路社区及金科公园王府两大社区。

在鲁能西路社区，依托线上软件，只要线上下单，出行困难的老年人即可享受居家养老点餐式上门服务。目前服务站每天受理服务80人次以上，同时在社区的其他养老服务站建立了配餐点，老年人不用走很远的路就可以在自己的小区内实现就餐。目前社区食堂已覆盖周边17个小区，受益人数达1 200余人。旬彩长者服务重点为社区60周岁以上老人提供居家养老服务，老人可通过物业热线、服务中心现场登记等方式进行服务预约。结合老人需求，旬彩长者服务提供适老化改造、助餐、助浴、助洁、助行等养老服务。

当前，旬彩长者服务在该社区基本实现了居家、社区、机构养老服务融合发展，结合社会志愿者的参与，为老年人提供覆盖面广、专业性强的居家上门服务，并在服务站内设各类活动用房，在满足老年人基本生理需求的同时，也为其提供形式丰富的精神娱乐活动。但是小区内也存在着养老场地缺乏、设施不足、老年人支付意愿低的常见问题，为此，物业服务企业主要通过强化居家上门服务来弱化对场地的需求，为高龄、失能、半失能等刚需老年人提供生活照料，并在将来继续发挥其专业性，逐步扩大服务对象。

章节习题

判断题

1. 智慧养老是面向居家老人、社区及养老机构的传感网系统与信息平台，并在此基础上提供实时、快捷、高效、低成本的、物联化、互联化、智能化的养老服务。（　　）

2. 智慧居家养老平台是构建“公益化为前提、社会化为基础、市场化为方向”的信息化、智能化的“虚拟敬老院”的重要基础。（　　）

3. “智慧养老＋物业”服务模式就是通过将智慧养老中的智能技术优势与物业全天候、近距离、响应快的服务优势结合在一起，实现一种以社区为载体、以物业管理为中间平台、以机构为辅助和以互联网、大数据、人工智能等为支撑的，为老人提供更加便捷及时、个性和人性服务的养老新模式。（　　）

4. 老人是“智慧养老＋物业”服务模式的主要对象及参与者，直接主体的满意度在一定程度上决定着模式创新成功与否。（　　）

5. 相较于以往的养老模式，“智慧养老＋物业”服务的新型模式对解决老人的需求更具针对性。（　　）

课后研学

上海市徐汇区民政局与区卫健委联手，综合应用最新信息技术，有效整合养老、医疗资源，以上海市徐汇区中心医院为核心，将线下医院的功能整体搬迁至云端，打造“上海徐汇云医院”，让更多的养老服务机构能搭上云医院的翅膀，让更多的住养老人通过互联网，不用排队挂号即可在云端享受视频看诊、常见病和慢病复诊及处方、检验检查和住院预约、药品配送到院等便捷就医服务，让老人足不出院感受到零距离的医养服务。同时健康服务项目和内容共享到“上海徐汇云医院”信息平台上，方便养老服务机构工作人员、医院医生能快速、准确定位和获取老人的最新健康信息，最终促进老人健康养老，安享晚年。此外，在技术和产品上逐步提升，智能设备可满足不同健康等级老人的需求。并且考虑协调医保、卫健等部门，优化线上结算的方式，让没有智能手机的老人也能享受到便捷的在线支付。“线上＋线下”服务模式有助于破解传统医养模式困境，助推养老服务提档升级。

徐汇区第二社会福利院抓住大修改造契机，结合打造智能养老平台，推进防跌倒（跌倒报警处置）、紧急救援、防走失、慢性病用药（智慧小药房）、卧床护理、智能查房、智能相伴、无接触智能消毒、出入管控、智能视频监控10大应用场景。在改造中完成硬件上各类传感器和数据采集等设备的布设，软件上智慧养老管理系统的同步开发。通过运行，逐步完成老人基础数据的建档，工作方式由纸面转为电子化，已基本实现智慧养老服务新模式。借助智能养老平台，全面提升院部处理突发状况的效率，有效避免各类安全事故的发生，并通过持续的护理状态数据收集、沉淀、分析，提升护理和康复质量，实现精准服务、精细化管理。

1. 智慧养老对养老行业发展的意义是什么？
2. 查阅资料，概述智慧养老在各省市的发展成果。
3. 在现阶段，智慧养老发展存在的难点有哪些？

第六章

居家养老服务实践

近年来，随着居家养老服务的不断完善，广大老年人对于高质量养老服务的需求也更为迫切。远程诊疗看护系统、智能家居辅助系统和机器人护理系统对当今智慧养老的发展起到重要支撑作用，不仅能够有效缓解老龄化加深背景下医疗保健与养老照护资源短缺的问题，更能够有助于实现居家养老，促进医养、康养相结合服务的社区共建和资源共享。老年人在亲情、社交和专业智慧服务的支持下，实现晚年生活的幸福和尊严，减轻医疗资源压力，促进社会资源合理利用和养老服务的可持续发展。

章节概况

我国人口老龄化具有速度快、规模大、高龄趋势明显等特点。随着家庭规模逐渐缩小，相对于传统的家庭养老和社会机构养老，社区居家养老更符合我国目前老龄化社会的现状。我们应加大养老人力资源建设，整合养老资源，通过政府和社会资本合作的方式，实现养老服务与医疗康复、家庭服务、旅游休闲、金融保险等领域的互动发展，探索养老服务的新业态。

学习目标

1. 了解居家养老服务模式
2. 了解居家养老服务的优劣势

情景导入

2017 年 9 月，南京市民政局联合市财政局印发《南京市家庭养老床位试点实施办法（暂行）》（宁民规〔2017〕1 号），正式在全市全面启动家庭养老床位建设工作。经过 5 年多试点探索、总结提升，主要做法可以概括为“五化”。

“一体化”管理。明确家庭养老床位是指按照普通养老机构服务标准，由养老服务机构为居家的失能失智、半失能老人提供养老服务的家庭床位，并要求家庭养老床位老人与入住机构老人“六个统一”，即：统一评估、统一协议、统一服务内容、统一服务流程、统一人员调度。

“适老化”改造。把服务对象的家庭设施和床位适老化改造作为开展家庭养老床位建设的基础，安装扶手、烟感探测器、燃气报警器及床头一键呼叫设备等必要硬件设施。同时，配置相应的网络信息服务系统和智能穿戴等电子信息服务设备，动态掌握老人生理指标及活动情况。借助24小时应急响应，老年人可通过紧急呼叫设备主动发起，或通过智能生命监测设备自动发送远程求助信息，由专业养老机构实施响应。

“专业化”服务。在主体上，明确提供家庭养老床位服务的必须是民政部门设置批准的一级以上养老机构、三级以上居家养老服务中心，确保服务提供者具备相应能力和资质水平。在服务内容上，为家庭养老床位老年人提供助餐、保洁、代购、健康档案、定期巡诊、医疗康复等“机构式”服务套餐。同时，老年人也可定制“套餐”，享受精神慰藉、文化娱乐等服务项目。在质量监管上，明确要求家庭养老床位服务由第三方开展满意度调查，且满意率不低于90%。

“规范化”流程。首先，由老人向符合条件的养老服务机构提出申请。其次，养老服务机构上门调研服务需求、根据量表评估确定老人护理等级。接下来，在老人与养老服务机构签订服务协议后，养老服务机构对家庭养老床位进行适老化和信息化改造，并按机构标准提供服务。

“同等化”扶持。家庭养老床位可以享受综合运营补贴，养老机构收住本市户籍半失能、失能失智老人，基准运营补贴分别按每人每月200元、300元的标准发放。四级以上养老机构运营补贴分别享受基准补贴的1.1倍、1.2倍。补贴经费由市、区各承担50%。居家养老服务机构按居家养老服务相关补贴文件执行。

思考：

1. 居家养老服务形式有哪些？

____

____

____

____

2. 居家养老服务有哪些优势？

第一节 国外居家养老服务模式

一、国外居家养老研究动态

国外居家养老研究以社区为核心载体，形成了理论与实践高度融合的发展模式，其动态可归纳为以下五个维度。

（一）理论体系的分化与整合

英国“双轨制”社区照顾：理论层面区分“在社区照顾”（依托社区专业资源）与“由社区照顾”（强调非正式照顾网络的责任共担），体现社会资本理论的应用。例如，1990 年《社区照顾法》将地方政府定位为服务购买者，推动市场化服务供给。

美国综合服务模式：基于连续性照顾理论，发展“PACE 计划”（Program of All-Inclusive Care for the Elderly），整合医疗保险与长期护理，覆盖从居家护理到临终关怀的全周期服务。2022 年数据显示，全美已有 138 个 PACE 中心，服务 12 万老年人。

日本分层服务体系：依据活动理论构建服务层级，基础生活支持（如家事援助）占 47%，专业护理（如居家康复）占 33%，认知症专项服务占 20%（2023 年厚生劳动省统计）。

（二）政策实践的范式转型

英国立法驱动：1990 年《国民健康服务与社区照顾法案》确立“准市场”机制，要求地方政府将 70%养老预算用于购买私营机构服务，催生照顾质量委员会（Care Quality Commission）等第三方评估体系。

美国支付制度改革：2015 年《医疗保险准入与 CHIP 再授权法案》引入捆绑支付（BPCI）模式，将 30 天护理周期费用打包支付，促使服务机构优化居家护理衔接。

北欧福利创新：瑞典推行“时间银行”制度，志愿者服务时长可兑换未来养老服务，2024 年覆盖率达 23%，有效缓解专业护理人员短缺问题。

（三）技术赋能的迭代升级

智能监测系统：德国开发 Care Predict 手环，通过 AI 算法分析老年人活动轨迹，跌倒检测准确率达92%，误报率低于5%（2024年临床测试数据）。

远程医疗整合：加拿大安大略省推行Virtual Care Platform，使居家老年人视频问诊响应时间缩短至15分钟，药品配送效率提升40%。

数据驱动决策：澳大利亚建立National Aged Care Data Clearinghouse，实时分析200万老年人服务记录，精准识别13类高风险群体。

（四）学术研究的前沿方向

代际融合设计：荷兰埃因霍温理工大学开展“共生社区”实验，将学生公寓与养老社区物理连通，使跨代互动频率提升65%（2023年追踪研究）。

环境适老化创新：MIT AgeLab研发自适应照明系统，可根据老年人昼夜节律自动调节光谱，显著改善睡眠质量（PSQI指数下降38%）。

伦理困境研究：牛津大学团队提出“自主性-安全性”二维评估模型，为智能监护设备的隐私保护设定23项伦理准则。

（五）国际比较的新认知

服务供给效率：经合组织（OECD）2024年报告显示，英国社区护理人均成本（$8 200/年）比机构养老低41%，但日本因劳动力成本高，居家服务费用反超机构养老12%。

文化差异性：地中海国家家庭护理占比达78%（意大利ISTAT数据），显著高于北欧国家（丹麦34%）。

疫情应对差异：疫情期间，韩国通过ICT平台实现居家送餐覆盖率97%，而法国因工会抵制机械化配送，服务中断率达43%。

总结当前国外居家养老研究，主要呈现三大转向：从单一生活照料向全人健康管理延伸，从政府主导转向多元协同治理，从标准化服务向个性化支持升级。未来将更注重人工智能伦理、跨代际空间设计、护理劳动力数字化转型等交叉领域研究。

二、国外社区居家养老服务的四种模式

（一）英国的社区照顾养老模式

英国的社区照顾养老模式是一种以社区为基础、多主体协作的综合性养老服务体系，其核心理念是通过整合政府、社会组织、市场机构及社区资源，帮助老年人在熟悉的环境中实现独立生活。该模式的形成源于英国人口结构的深刻变化。20世纪初，英国老年人口占比仅为4.7%，但至20世纪90年代，65岁以上人口已突破总人口18%，目前约1 000万人，75岁以上高龄老人达370万。人口老龄化加速与家庭结构核心化共同催生传统家庭养老功能的弱化，迫使政府探索新型养老模式。1990年《国民健康服务与社区照顾法案》的颁布标志着社区照顾从理念转向制度化实践。

1. 社区照顾的核心理念

一是“双重维度划分”，分为“在社区照顾”（Care in the Community）由专业机构在社区内提供医疗护理、康复治疗等专业服务和“由社区照顾”（Care by the Community）依托邻里互助、志愿者等非正式支持网络提供生活照料。二是自主性原则，通过

适老化改造（如保健设施安装）、技能培训（基础护理知识传授）等手段，最大限度维持老年人生活自主权。

2. 服务内容体系

包括物质保障如税收减免政策、基本生活物资配送、适老环境改造等；生活支持涵盖日常起居协助（清洁、购物）、行动辅助（陪护出行）等基础服务；专业服务有家庭医生定期巡诊、多学科团队健康评估（MDT 模式）、技能培训、慢性病管理、急救技能等；还有精神关怀如组织社区活动促进社会参与，志愿者定期心理疏导等。

3. 运行主要由政府主导，多元协作

政府通用立法和规划予以保障，承担主要设施建设费用（如日间照料中心），通过购买服务方式资助社会组织，制定《老年人国家健康服务框架》等标准体系，定期评估服务质量；非营利组织负责具体服务实施，发挥枢纽作用；商业机构提供高端个性化服务（如私人护理员派遣），满足差异化需求，提供市场补充机制。

相较于传统院舍养老，该模式节省约 30%的财政支出（据英国卫生部测算），同时避免机构养老的情感疏离问题。与单纯家庭养老相比，其专业支持使失能老人居家照护可行性提升 58%（NHS2018 年调研数据）。特别在心理健康维度，定期社区活动使老年人抑郁症状发生率降低 41%。尽管取得显著成效，该模式仍面临志愿者队伍稳定性不足、农村地区服务覆盖不均等问题。近年来通过“新服务模式项目”如 EHCH 试点，探索数字化远程监护、智能穿戴设备应用等创新解决方案。

通过这种政府-社会-市场三维协同机制，英国社区照顾模式成功实现从“生存型养老”向“发展型养老”的转型，其经验对全球老龄化应对具有重要参考价值。

（二）美国的居家养老援助模式

美国的居家养老援助模式在 20 世纪随着老年人口的迅速增长而逐步发展，特别是在 1981 年正式实行以医疗服务为重点的社区服务计划之后，这一模式得到了进一步的完善和推广。美国居家养老援助模式的主要特点和服务内容有：

1. 家庭保健中心

家庭保健中心为在自己家中居住的老年人提供日常生活及护理服务，如简单的健康监测、药物管理和基本护理。这些服务的收费标准根据具体项目而定，旨在帮助老年人在家中维持独立生活。

2. 托老所

托老所是非营利的社会福利机构，通常由市政府委托社区管理。它们主要为那些与子女或其他亲属住在一起但白天需要照看的老人或残疾人士提供服务，包括日常生活照顾、恢复性训练和早午餐供应。托老所的开放时间一般为周一到周五，收费根据服务内容和收入水平而定。

3. 老人活动中心

老人活动中心不仅提供养老午餐，还组织各种文化、娱乐、教育和旅游活动，帮助老年人保持社交活跃和精神健康。

4. 免费教育

各社区大学都有义务接收 65 岁以上老人进行免费进修，尽管这些课程不提供学分或毕业证书，但它们为老年人提供了继续学习和自我提升的机会。

5. 志愿者服务

大多数社区都向老年人提供充当志愿者的机会，老年人可以利用自己专业技术和知识去帮助他人。美国政府还帮助社区建立志愿者工作方案，社会福利服务的实施主要由志愿者来完成。

6. 居家援助式老年公寓

一些大中城市的私营公司建造居家援助式老年公寓，供家境比较富裕的 75 岁以上的能够自理老人选择。入住老人不需要 24 小时的医疗照顾，但有专门的服务人员上门提供清洁、穿衣、洗澡和膳食服务。

这些服务模式共同构成了美国居家养老援助的多元化体系，旨在满足不同老年人的需求，帮助他们在社区和家庭环境中安享晚年。随着老年人口的持续增长，这一模式也在不断调整和完善，以适应新的社会需求和挑战。

（三）德国的居家养老服务体系

德国的居家养老服务体系以其体系化、规范化和高效性著称，主要围绕长期护理保险制度展开，强调家庭护理的优先地位，同时提供多样化的服务内容。

1. 长期护理保险制度

德国的护理经费主要通过长期护理保险（Pflegeversicherung）筹资和支付。几乎所有参加医疗保险的公民都必须投保长期护理保险，保险分为社会保险（覆盖 90%人口）和私人保险（覆盖 10%人口）。保险资金由政府、企业、个人和医疗保险机构共同负担，其中政府承担 1/3 以上，企业和个人的负担较小。申请家庭护理或入住老年护理院的老人需由本人或家属提出申请，保险公司根据老人的身体功能状态、生活自理能力及社会交往能力进行评估，确定护理级别。

2. 护理服务提供

护理服务由独立的营利性或非营利性机构提供，两者各占约 50%。这些机构在长期护理保险的框架下运作，确保服务的规范性和质量。根据护理级别，护理机构提供以下服务：基础护理服务：包括日常生活的协助，如穿衣、洗漱、进食等。家政服务：如清洁、洗衣、购物等。陪伴服务：为老年人提供社交和心理支持。暂息服务：为家庭照顾者提供短期休息的机会。医疗器械提供：如轮椅、病床等。房屋改建：根据老年人需求对居住环境进行适老化改造。

3. 护理人员资质

专业要求：从事家庭护理的人员必须具有专业资质，包括老年护理培训学校毕业并持有“老年护士证书”的护士，或护士学校毕业并持有护士执照的护士。德国的老年护理培训体系完善，确保护理人员具备专业知识和服务能力。

4. 体系化与联动机制

德国的居家养老服务体系已形成体系化特征，各服务设施之间具有良好的联动运行机制。德国模式为其他国家的居家养老服务体系建设提供了重要参考，特别是在资金筹措、服务分级和专业人才培养方面。

德国的居家养老服务体系以长期护理保险为核心，通过政府、企业和个人的共同参与，为老年人提供多层次、高质量的护理服务，其体系化、规范化的特点确保了服务的可持续性和有效性，为全球养老服务体系的发展提供了重要借鉴。

（四）日本的居家养老服务体系

日本的居家养老服务体系是一个多层次、多主体的综合性服务体系，旨在为老年人提供全面、细致的护理和支持。该体系以家庭护理为基础，居家养老为核心，辅以公共福利服务和市场服务，确保老年人能够在熟悉的环境中安享晚年。

1. 组织与管理

日本的社区老年服务工作由市政府的社会部全面负责。社会部下设多个科室，包括福利计划科、社会福利科、老人福利科、保险医疗科、老人之家等，这些科室共同协作，全面掌握市内各区域老年人的健康状况、经济状况和日常活动情况。通过这种方式，社区能够精准地识别老年人的需求，并提供相应的服务。

2. 政策与法规

在相关政策和法规的保障下，社区充分利用社会资金、资源和人才，向老年人提供福利、保健、医疗等综合性服务。这些服务不仅帮助老年人健康、愉快地度过晚年生活，还解除了年轻人的后顾之忧。

3. 长期护理保险

日本的养老服务主要由长期护理保险筹资并支付大部分费用，个人只需承担 10% 的费用。长期护理保险的参保人分为两类：65 岁以上的第一号被保人和 40～64 岁的第二号被保人。第一号被保人只要有护理需求，保险权自然产生；而第二号被保人的保险需求则限制在初期老年痴呆等 15 种疾病范围内。护理保险的财源一半来自被保险者缴纳的保费，另一半由公费承担。

4. 服务提供主体

居家养老服务由政府组织、政府资助的民间组织、志愿者团体、公司式养老机构等提供。服务人员包括医生、护士、康复师、家庭服务员等，确保老年人能够获得专业、全面的护理服务。

5. 服务申请与评估

老年人需要护理服务时，须先向所在的市町村护理保险窗口提出申请。市町村会派遣调查员走访老人家庭，调查老人的身心状况，填写统一调查表，并做出是否需要护理的初步判定。“护理认定审查会”在此判定的基础上，参考主治医生意见书及走访实录，做出最终决定并判定护理等级。随后，“护理士”根据护理等级制订护理计划，提供上门护理服务。

6. 社区养老服务内容

社区养老服务内容丰富多样，包括家庭帮助服务事业：为老年人提供日常生活的帮助，如家务、购物等。白天服务事业：为老年人提供日间照料服务，包括康复训练、社交活动等。短期留宿服务事业：为老年人提供短期留宿服务，以缓解家庭照顾者的压力。长期服务事业：为需要长期护理的老年人提供持续的护理服务。老年保健咨询和指导：为老年人提供健康咨询和指导，帮助他们保持健康。老年人俱乐部：为老年人提供社交活动平台，增进他们的社会参与感和幸福感。

7. 技术支持与创新

日本在居家养老服务中积极引入信息技术，如千叶县柏市与东京大学及软件公司合作开发的 ICT 信息共享平台。该平台使医疗及专业护理人员能够随时记录或阅览居家疗养患者的文字、图像、视频信息，如诊断书、访问看护计划、患者每日的体温变化图、服药情况等，从而提高了医疗护理人员与患者的沟通效率，提升了服务质量。

8. 老年人再就业与社会参与

日本政府还制定政策，鼓励并支持老年人参加银发人才中心、老年俱乐部、老年大学等促进老年人再就业、参与社会的活动。这些政策不仅有助于增进老年人的身心健康，还增强了他们的社会认同感。

日本的居家养老服务体系通过多层次的组织管理、全面的政策保障、专业的服务提供和创新的技术支持，为老年人提供了全方位、高质量的护理服务，确保了老年人能够在社区中安享晚年。

三、国外养老模式对我国的启示

人口老龄化不论是对于发达国家，还是对于发展中国家，都是一个巨大的挑战和压力，但是发达国家经过多年对于老年群体养老模式的探索，所总结和积累的经验势必对我国的养老服务有一定的借鉴意义，值得我们学习。

（一）建立完善的社区老年服务相关法律法规

1990 年，英国健康部颁布《照顾白皮书》和《国家健康服务与社区照顾法令》，规定了社区照顾的主要目的、运行机制，同时明确了社区照顾的财政安排、监督和评估等一系列问题。1963 年，日本颁布了《老人福利法》。1989 年，制定的《推进高龄者保健福利 10 年战略计划》以及之后的新金色计划等都明确规定了社区养老服务中的各项管理制度、经营制度、组织办法等。这些法律法规都为社区老年服务体系的构建和完善奠定了法律基础。相比较而言，我国在养老方面的法律和法规还有待完善。因此，应尽快制定出相关的法规政策，从立法层面上规范社区养老服务，使社区养老有法可依。

（二）扩大养老资金来源

首先，政府应当加大养老投入，从立法层面完善养老保险机制。例如可以从注册手续费的减免、基础设施使用费的优惠、养老保险金运行的规范等角度进行养老资金的筹集。其次，可以调动社会各方力量建设惠及社会的养老体系，将养老保障金运作市场化。如联合企业，建立企业年保险金，或者建立个人养老保险金预存制度，促进私人储蓄养老金发展，强化人们的养老意识。

（三）养老服务队伍的专业化及规模化

养老服务队伍的服务质量是养老体系中至关重要的部分。因此，对服务队伍进行必要的专业培训，并严格评审考核制度，提高从业人员水平是至关重要的，可以为老年人提供更加专业的健康养老服务。在英国，每年有半数人参加养老服务志愿活动，日本也有一半左右的国民成为志愿者。志愿者的参与使得社区照顾成本大大降低，也会带动那些接受帮助的人参与到志愿活动中来。但是相比而言，我国志愿者人数较少，即便是社区服务工作做得较好的社区，志愿者比例也不高。因此，为积极培养社区志愿者及专业人才，政府应加大宣传，给予参与志愿活动的人员以奖励，鼓励这些人员和希望发挥自身潜能的老人参与到志愿者队伍中来。另外，鼓励大学生积极参与志愿活动，并把服务情况作为选拔人才的参考。在日本，社区的服务人员必须接受过专门、系统的业务培训，获得相应的资格证书，才有资格被推荐给需要服务的老年人，成为专业的社区服务人员。

（四）丰富养老服务内容

首先，应该以提高养老资源的使用率为目标，全面完善养老服务的基本设施，使得康复保健设施能够真正为老年群体所用。可以以社区作为保障基地为老人提供多样化及专业的养老服务。其次，在基础保健设计完善的基础上，针对老人的养老服务应当开展更为丰富的活动，比如文体活动、法律培训、精神慰藉等，不仅可以为老人营造更加舒适的环境，同时也能体现人文关怀，满足老人的精神需求。

（五）扩大社区居家养老覆盖面

政府应当在对社区养老给予大力支持的同时，增强社区养老的宣传力度，让更多的老人深入了解社区居家养老。同时对社区居家养老体系进行全面的系统性完善，以此提高养老服务质量，扩充低偿、无偿的养老服务，真正满足老年人的总体需求，引导更多老年人选择社区居家养老。此外，要加速老年群体的养老观念的转变，引导老年人融入社区，增强他们的主人翁意识，增强对社区的认同感和责任感，从而转变养老思维模式，促进社区居家养老健康发展。

拓展阅读

养老服务的社区照顾模式源于 20 世纪 50 年代的英国，并在随后的几十年中被众多欧美发达国家广泛借鉴和推广，成为解决养老问题的首选模式之一。这一模式的核心在于将养老服务的重心从传统的院舍式照顾转向社区和家庭，强调在老年人熟悉的环境中提供全面、个性化的支持与护理。

1. 起源与背景

社区照顾模式最初是为了应对“院舍化”照顾的弊端而提出的。在 20 世纪 50 年代之前，欧洲普遍采用院舍式照顾，即老年人、残疾人等弱势群体被集中安置在养老院或福利机构中。然而，这种模式逐渐暴露出诸多问题，如长期在院舍中生活的人容易产生依赖性，丧失重新适应社会的能力，且院舍环境往往缺乏个性化关怀。因此，英国在 20 世纪 50 年代开始推行“反院舍化”运动，倡导将照顾服务回归社区和家庭。

2. 基本理念

社区照顾模式的基本理念包括：“社区优先”，认为老年人更愿意生活在自己熟悉的社区环境中，而不是被隔离在院舍中。“个性化支持”，强调根据老年人的具体需求提供定制化的服务，包括生活照顾、医疗护理、心理支持等。“资源整合”，动员社区内的正规和非正规资源（如家庭、志愿者、社会组织等），共同为老年人提供全面的支持。

3. 发展与推广

英国在20世纪70年代进一步完善了社区照顾模式，特别是在福利国家面临财政危机的情况下，政府将社会服务的重心转向个人、家庭和社区。这一模式因其灵活性、成本效益和显著提升了老年人生活质量，迅速被欧美发达国家借鉴和推广。例如，美国、加拿大、澳大利亚等国都相继引入并形成本土化社区照顾模式，使其成为养老服务的重要组成部分。

4. 本土化实践

各国在借鉴英国社区照顾模式时，都根据自身的文化、社会结构和经济状况进行了本土化调整。例如日本以家庭护理为前提，居家养老为核心，结合长期护理保险制度，提供多层次、多主体的综合性养老服务。美国强调社区资源的整合和市场化运作，通过政府资助、非营利组织和私营企业共同提供服务。北欧国家在高福利国家背景下，社区照顾模式与全民福利体系紧密结合，确保老年人享有高质量的养老服务。

5. 优势与挑战

社区照顾模式的优势在于让老年人在熟悉的环境中生活，能够保持社交联系和自主性，从而提高生活质量。相比院舍式照顾，社区照顾模式通常更具成本效益，能够减轻政府财政负担。根据老年人的需求变化，可以灵活调整服务内容和形式。

然而，社区照顾模式也面临一些挑战，如：社区资源有限，可能导致服务质量参差不齐。部分家庭可能因照顾老年人而承受较大压力。社区照顾需要大量专业护理人员，而许多国家面临人才短缺问题。

6. 未来发展趋势

随着全球老龄化加剧，社区照顾模式将继续发挥重要作用。未来的发展趋势可能包括：技术创新：引入信息技术和智能设备，提高服务效率和质量。跨部门合作：加强政府、社会组织、企业和家庭之间的合作，形成更完善的养老服务网络。政策支持：制定更加完善的政策法规，确保社区照顾模式的可持续发展和公平性。

第二节　中国农村居家养老服务实践：河南新县戴畈模式[①]

河南省信阳市新县地处大别山腹地、鄂豫皖三省结合部，跨长江、淮河两大流域，总面积1 612平方公里，辖15个乡镇、1个管理区、1个街道办事处，共206个行政村（居），总人口37.2万。这里是黄麻起义策源地、红四方面军的发源地、坚持大别山28

① 微信公众号“养老 社工 杂谈”. 老吾老以及人之老——新县发展居家养老“戴畈模式”.［EB/OL］.（2022-09-27）［2025-03-25］. https://mp.weixin.qq.com/s/NBL3hmGiTdQ6L0hBC5dWUA.

年红旗不倒中心地、刘邓大军千里跃进大别山落脚地；走出了李德生、许世友、郑维山等93位共和国将军和省部级以上领导干部，是全国著名的革命老区和将军县。

新县困难群体占比较高，以农村养老问题为主的“三留守”问题较为突出，时刻困扰着全县干部群众。为切实解决这一难题，实现高质量的脱贫，2017年以来，在信阳市民政局的关心指导下，新县县委、县政府大胆探索，先行先试，以箭厂河乡戴畈村为试点，全力推进居家养老工作，并逐步辐射全乡、覆盖全县。

一、基本情况

新县困难群体基数大，人口老龄化占比高，总人口中60岁以上老年人6.4万。80周岁以上的高龄老人6 434人，其中100周岁以上达12人。为深入学习贯彻习近平总书记关于“聚焦脱贫攻坚、聚焦特殊群体、聚焦群众关切”的指示精神，积极应对人口老龄化趋势，新县把脱贫攻坚工作中的难中之难、困中之困，也就是高龄老人和重度残疾人纳入居家养老服务对象，培育本土化队伍，提供基本的居家养老服务。紧紧围绕老有所养、老有所医、老有所为、老有所学、老有所乐的工作目标，建立以居家养老为基础、社区为依托、机构为补充、医养相结合的多元化养老服务体系，不断创新举措，加大投入，打造县、乡、村养老服务体系全覆盖，促进全县养老服务事业健康有序发展。

二、主要做法

县委、县政府顺应群众期盼，以“真诚、关爱、沟通、服务”为理念，以满足农村老年人群养老服务需求为出发点，以服务困难老人为落脚点，积极探索总结居家养老“四六”模式。

（一）打造战斗堡垒，筑牢“主心骨”

以实施“堡垒工程”为牵引，树牢党委核心引领作用，营造全民参与居家养老服务的浓厚氛围。

一是政府主导。以“党委领导、政府主导、社会参与、全民行动”为工作方针，明确党政“一把手”直接抓养老，分管副职具体抓养老，成立老龄工作委员会，专门增设乡老龄委办公室，出台了《新县关于实施居家养老服务工作的意见》和《新县推进养老服务体系全覆盖实施方案》，明确工作推进时间和相关站所职责，对农村老人开展以助洁、助医、助行等为主的居家养老上门服务。

二是部门协同。卫健、司法、民政、社保、文广旅体、交通、财政、残联等部门结合自身职能，为老年人提供健康管理、法律援助、社会保障，落实老年人优先政策，形成工作合力。各村（居）委会将推进农村居家养老服务列入重要日程，配备工作人员，成立老年协会，制订切实可行的居家养老服务试点工作计划。乡老龄委不定期对各村（居）委会、乡直部门工作开展情况检查通报，量化评比。

三是社会参与。引导社会参与支持养老服务事业，与信阳市电视台联合打造了一期养老助老公益性电视专题片《山村里奏响敬老文化乐章》；多次在各级新媒体平台上发表敬老专题文章，扩大老年人知晓率，提高社会关注度；开展以“情满戴畈村 醉美夕阳红”“戴去真情 畈来笑脸”为主题的重阳节敬老文艺汇演，丰富老年人文化生活。同时，坚持“社会力量协同作用不能少”原则，培育新县三红社区服务中心、新县曙光社区服务中心、小红星儿童关爱中心等本地社会组织，通过承接政府购买服务方式委托运营。以戴畈村举办的为高龄失能、半失能老人“爱心义剪”活动为开端，与比邻、恩夕等专业社工服务组织和志愿者联合会逐渐形成了相互信任、互帮互助、紧密联系的合作关系，逐步引入社会公益组织的专业化服务理念，转变单一的物质化养老服务，更加关注老年人的心理和精神状态，掀起了全县共同关注、支持、参与居家养老服务工作的新热潮。

（二）夯实四个基础，立起“顶梁柱”

“固本强基，行稳致远”。通过建强档案、平台、队伍、机制，夯实居家养老服务基础，构建“四平八稳”的组织架构。

一是建立档案。制定信息采集表，由驻村第一书记牵头，逐户逐人精准采集老年人信息，将 60 周岁以上的重度残疾老人、80 周岁以上高龄老人和存在特殊困难的老人纳入重点服务对象，将 70 周岁以上老人和 60 周岁以上留守老人纳入一般服务对象，掌握真实需求，建立健全老年人档案，确保对象服务精准。

二是建立平台。强化党建引领作用，采取“党建＋养老”模式，成立由村支书任会长、老党员、村干部为副会长的全省首个村级老年协会，在乡级层面成立下设村级老年协会组成的乡老龄工作委员会，整合政府购买服务资金、集体经济分红资金、社会爱心企业和个人捐助，免费为重点服务对象提供助洁、助餐、助行、助医、精神慰藉、理发、送生日蛋糕等 7 类服务，为一般服务对象提供精神慰藉、理发、送生日蛋糕等 3 类服务。大力争取帮扶单位信阳市民政局资金 300 余万元，建成信阳市首个“三留守”服务中心，该中心充分考虑老人、孩子实际需要，设置孝老活动室、幸福影院、残疾人康复室、专业洗浴室、中央厨房等，老人既能交流活动、读书看报、健身娱乐，又能看护子孙，实现了留守老人日间照料、留守儿童日常关爱、留守妇女就近就业增收。

三是建立队伍。就近吸纳当地留守妇女为孝心护理员，采用“互联网＋养老”的模式，通过智慧养老服务平台和手机 App，由老年协会将老人服务需求直接发给孝心护理员，护理员完成一次服务后，App 自动记录服务轨迹，老年协会每月根据服务数据，定期结算护理员报酬，提高留守妇女家庭收入，引入专业社会组织，进行培训指导，形成“社区、社工、社会组织”三社联动机制。

四是建立机制。建立健全规章制度，制定完善老年协会章程、孝心护理员管理制度、养老服务流程、养老服务承诺书等管理制度。在日常居家养老服务基础上，坚持“百善孝为先”，倡导善良从孝老开始，将每月 9 日、19 日、29 日确定为“敬老日”，集中为一般服务对象开展精神慰藉上门服务；每周确定 2 天为敬老活动日，每周为重点服务对象免费发放一次爱心馒头，根据重点服务对象需求指派专人提供服务。

（三）坚持六个原则，放稳“压舱石”

“吃水就深，航行就稳”。六个原则为居家养老工作科学化开展明确了标准，奠定了压船之石，确保养老服务既能“载重多”，又能“行得稳”。

一是坚持党建引领原则。注重发挥党组织领导一切组织的号召力、党支部核心领导力、党员模范带动力。把各级领导调研指导要求，与以村党支部、社会组织具体实施居家养老工作的实践有机结合，转化为日常运营、规范操作、长效机制成果。

二是坚持需求导向原则。全面对接老年人的服务需求，有针对性地制定居家养老服务项目，确保提供的服务与老年人的真实需求无缝对接。认真听取老年人意见建议，及时采纳和调整服务项目，发现偏差及时调整，直到老人需求满足满意为止。围绕不盲目拔高标准的原则，为老人提供基本服务，对于超出基本服务范围的诉求，做好政策解释，量力而行、尽力而为，确保不大包大揽。

三是坚持分步实施原则。根据整体推进居家养老服务工作方案，从精神慰藉服务着手，根据老人接受度和群众反响，逐步拓展服务项目，确保老人接受，群众欢迎。

四是坚持与乡村善治相结合的原则。利用重阳节、敬老月等时机，以老年人喜闻乐见的形式，开展慰问送温暖等系列活动；举办最美箭厂河人“孝亲敬老之星”“好儿子、好女儿、好媳妇、好婆婆”“优秀孝心护理员”评选；组织敬老文艺汇演等活动，增强敬老氛围，带动社会对居家养老工作的理解和支持，弘扬社会主义核心价值观。

五是坚持高效便捷原则。第一时间回应老年人的需求，最短时间内满足服务项目以内的居家养老服务需求，不能解决的事项要解释清楚，做到政策解释到位、上门服务到家、责任落实到人。

六是坚持因村制宜，灵活调整原则。在服务内容、服务形式、服务标准方面都要做好充分市场调查，如老年人对上门理发需求迫切，每月提供两次免费上门理发；村子离乡镇较远，推行代购服务等。

三、取得的成效

“家中有一老，犹如捡个宝”，老人是家庭之宝，幸福之根。以养老事业引领农村发展，是时代大势所趋，党心民心所向，和谐社会所需。通过大力实施居家养老，在重心下移中畅通了民意诉求，在强化服务中密切了党群关系，在精准养老中巩固了脱贫成果，在解决问题中推动了乡村振兴。中央农办、国家扶贫办、省民政厅、中国人民大学、华中科技大学、华中师范大学等各级领导、专家先后到箭厂河乡实地调研，并给予高度肯定，认为戴畈村“党建＋”居家养老模式符合老区实际、老区特色，是可复制、可推广、可持续的。戴畈村先后荣获全国综合减灾示范社区、全国基层社区建设示范村、全国敬老文明号、全国示范性老年友好型社区、平安中国建设先进集体；省级森林乡村、省级卫生村；2020 年 10 月戴畈村老年协会荣获“全国敬老文明号”称号；2020 年 12 月 2 日，中央电视台新闻联播节目把戴畈村的居家养老工作作为“十三五”时期全国农村养老服务体系建设取得的成果进行宣传；2021 年 1 月 19 日，中央电视台新闻直播间播放《大别山深处的红马甲》专题片，聚焦新县戴畈村，再次对居家养老“戴畈模式”进行深度报道。2021 年 2 月 9 日，中央电视台《焦点访谈》在《我在家里挺好的》节目中，关注河南信阳新县箭厂河乡戴畈村三留守关爱工作。2021 年 3 月 1 日，信阳市政府新年第一场新闻发布会在市政府新闻发布厅举行，专题介绍居家养老“戴畈模式”。

（一）巩固了脱贫成效

通过居家养老服务的深入开展，900 余名留守妇女实现了就近就业，增加了家庭经济收入，周边理发店、超市、村卫生室、营运车辆就业机会增多。贫困老人养老无忧，青壮年劳动力安心发展产业、外出务工，家庭收入明显提高。通过开展助洁、助餐、助行等养老服务，帮助老人改变精神面貌，生活质量显著提高，幸福指数明显提升，村里老人经常说："以前我们过一天是一天，是熬日子，现在是过了今天想明天，还想多活几天"。

（二）助力了乡村振兴

国家实施乡村振兴战略中明确提出，必须创新农村社会治理，走乡村善治之路。居家养老服务的开展，落实了中央关于乡村振兴的重要举措，进一步创新了乡村治理体系，完善了乡村治理模式，推动了乡风文明和治理有效，走上了乡村善治之路。

（三）密切了干群关系

通过居家养老工作，党员干部沉下去，联系群众、解决问题、同群众的感情更深了、距离更近了。群众自觉关心村里发展建设、主动配合村"两委"工作意识明显增强，对化解矛盾，推动乡村工作起到积极作用。

（四）促进了社会和谐

党员干部、社会各界和孝心护理员用真心、爱心和耐心持续为老人开展居家养老服务，实现老年人"小事不出门、小病不离村、难事有人帮"，以实际行动践行了社会主义核心价值观，宣传社会正能量，影响带动老人子女主动尊老、敬老、爱老，促进了家庭和谐，推进了乡风文明，打造了和谐村居社区。

拓展阅读

各地立足本地实际，创新发展模式，不断丰富和拓展农村养老服务的内涵和形式，相继涌现出具有地方特色的农村养老服务发展模式，初步形成了以家庭赡养为基础、以社区互助养老为依托、农村老年协会参与、乡镇敬老院托底的农村养老服务供给格局。

（一）互助养老模式

利用现有设施建设幸福院和"老年灶"，院内老人在生活上相互照顾，最大限度降低了建设服务成本，是大多数地区开展农村养老服务的有益探索。例如，河北肥乡首创农村互助幸福院养老模式，以"村级主办、互助服务、群众参与、政府支持"为原则，通过对村委会闲置房屋、闲置学校等场所进行改造，让老人得以"抱团养老"，实现老年人互助服务。唐山滦县榛子镇在农村互助幸福院基础上进一步探索，除村集体出资和政府财政补贴外，创新筹资渠道，争取企业援助，将社会资本注入互助幸福院建设。宁夏石嘴山全面推进《家庭赡养协议书》和《互助养老协议书》签订工作，鼓励和发动在同一村的老年人，自愿签订互助养老协议书，成立互助养老小组，倡导邻里之间低龄健康老年人自愿为高龄、失能、独居老年人提供力所能及的生活照料、精神慰藉和安全照护等互帮互助服务。昆明市晋宁区探索"老伙伴饭桌"的互助模式，请低龄老年人为高龄老年人服务，自由组合，轮流做饭，实现"自我管理，自我服务"式的互助养老。江苏徐州丰县利用闲置房屋资源建设农村幸福小院，为老人提供日间照料、搭伙助餐等服务。

（二）老年协会支撑模式

充分发挥老年协会的组织作用，依托基层老年协会，丰富农村居家养老服务方式，涌现了不少接地气的做法。四川金堂探索建立“一中心、多站点、重巡访”的农村养老模式，发动老年协会的积极性，组织多支巡访队伍，为农村困难老年人提供帮扶。安徽安庆支持农村社区建立基层老年协会，并制定了老年协会规范化达标建设规划，对设施完善、制度健全、学习娱乐、社区治理、养老互助等活动正常开展的协会给予一定奖补。湖南株洲推广“老年协会+农村留守老人”居家养老模式，加强对养老服务业协会的扶持，立足农村留守老人的实际养老需求开展帮扶关爱服务。

（三）专业照护服务模式

着眼于农村地区失能、半失能老年人的照护服务需求，一些地区探索性开展了农村照护机构建设，满足农村地区困难老年人的服务刚需。上海松江区叶榭镇堰泾村建设农村地区长者照护之家（又名幸福老人村），为农村老年人提供专业照护服务。安徽安庆建设农村失能老年人集中照护中心。每个县（市）区均建设1～3个区域性失能农村五保对象集中照护中心，其中市城区提升改造两个乡镇中心敬老院，集中照护失能五保对象。在村（居）开展农村失能失智老年人照护服务试点。对在试点村（居）居住的农村失能失智老年人，提供上门照护、机构照护、日间照料等多种形式的照护服务。每个站点建设给予60万元的一次性建设补助。同时，按照重度失能人员1 000元/月·人、中度失能人员800元/月·人、轻度失能人员600元/月·人的标准为照护机构发放运营补贴。山东济宁开展农村困难家庭失能人员集中供养试点。针对农村低保家庭和经济困难家庭中失能老人和重度残疾人，按照自愿申请、愿进全进原则，由乡镇敬老院或社会办护理院集中供养。

（四）区域养老中心模式

通过把敬老院、光荣院、社会福利院整合为区域性养老服务中心，形成集中建设、分区养护、公共资源共享的格局，提高整体管理服务水平。例如，黑龙江哈尔滨将一批地域优势明显、基础设施较为完善的农村敬老院发展成为区域性养老服务中心，对农村居家和社区老年人开展医疗护理、康复、临终关怀等服务，并将服务辐射周边农村社区和农村养老互助点。山东济宁实施“幸福家园”建设工程，按照“多镇一院”“一县一院”“中心敬老院”等模式，将乡镇敬老院升级改造为“质量安全达标、整体形象提升、服务管理优化”的区域性养老服务中心，向特殊困难老年人和社会老年人提供短期寄养、代养和上门服务等延伸服务，充分盘活乡镇敬老院资源。辽宁大连推进农村养老机构向区域性养老中心转变。市财政资金支持农村养老服务设施建设。各涉农区市县结合实际，按照每人每月不低于100元的标准发放农村困难老年人居家服务补贴。山东威海实施乡镇敬老院整合提升专项行动，打造农村区域性养老服务中心。浙江绍兴、河南许昌将农村敬老院发展成为区域性养老服务中心，在满足特殊、困难老人集中供养的基础上，逐步面向社会老人开放，为包括农村非五保困难老人在内的社会老人提供长期托养、营养饮食、医疗保健、健康监测、助老洗浴、文化娱乐、精神慰藉等多方面服务。

（五）农村留守老年人关爱服务模式

农村留守老年人是农村地区的新型“弱势群体”。近年来，留守老人在家意外去世而无人知的情况时有发生，使得这一群体逐渐受到越来越多的关注。建立健全巡访制度和关爱体系，保障老年人基本人身和财产安全，满足其基本生活照料需求，是农村养老服务体系建设的重点。吉林长春印发《长春市农村居家养老邻里志愿服务项目实施方案》，对特殊和困难老年人开展“两访、三查、四助”，即每天早晚两次走访受助老人家庭；查看老人在吃、穿、住等方面的情况；提供助餐、助洁、助医、助难等居家养老服务，为每名提供服务的志愿者每月发放500元的补贴，该做法在全市城区、开发区全面推广。安徽铜陵义安区将农村空巢老年人服务纳入农村社区网格化服务管理基础事项，对农村户籍的老年人开展联络人登记，建立应急处置和评估帮扶机制，并安排专项资金给予补助。以基层老年协会为主体，村级民政专干、村医、志愿者等参与，对70岁以上农村空巢老年人定期电话联系和上门探访。通过政府购买服务、为老服务公益创投等方式，委托社会组织、专业社会工作机构参与，深化农村居家养老服务模式。江苏徐州铜山区创新“爱心邮路”和“助老平安”项目，依托进村入户的邮递员、保险协理员和农村爱心妇女，为留守老人和购买服务对象提供探视和照料服务。江苏南通出台《关于进一步完善和规范农村“一助一”关爱服务工作的意见》，制定出台全市农村“一助一”结对帮扶服务标准，建设农村社区标准化居家养老服务站，为农村困难、高龄、失能、空巢、失独、留守老人开展“一助一”结对帮扶服务。宁夏石嘴山建立农村空巢（独居、留守）老年人的关爱和定期巡访制度。引导具备专业知识的志愿者为农村留守、困难、孤寡、独居老年人提供专业化服务和关爱保护。同时，充分发挥农村“三留守”督导员的作用，对留守老人进行不定期巡访。广西建立了农村“留守老年人、留守妇女、留守儿童”信息数据库，通过信息数据库实现对所有县级单位农村留守老人的动态管理。四川成都锦江区探索普及社区网格员助老探访，龙泉驿区、邛崃市、崇州市等实行“助老探访责任区”制度。邛崃市、眉山市在建立信息台账基础上，为每位留守老年人建立了探访服务卡和帮扶卡，明确帮扶人员信息和联系电话、乡镇卫生院联系电话等信息。陕西宝鸡以关爱农村留守老年人为重点，印发了《关于加快建立农村留守老年人信息台账和定期探访制度的通知》，对全市农村特殊和困难老人开展全面筛查摸底工作，对80周岁以上老人、经济困难的失能半失能老人、空巢（留守）老人、孤寡老人、计划生育特殊困难家庭老人进行重点统计，建立信息台账。云南昆明建立了农村空巢老年人的定期巡访制度，由居家养老服务中心人员定期巡访，送水送饭，没有建立居家养老服务中心的由村委会工作人员包户巡访。青海西宁建设标准化的农村“老年之家”，设置活动场、用餐室、棋牌娱乐室、文娱室、洗浴理发室、留守儿童之家等“一场七室”，“老年之家”没有专职服务人员，由低龄老年人照顾高龄老年人，每日一餐齐动手，互帮互助解决农村留守老年人无人照料的问题。

第三节 智慧居家养老服务实践：天津市和平区“智慧+”养老服务①

天津市和平区共有60周岁以上老年人12.69万人，占区总人口的28.26%，人口老龄化比例较高。针对和平区的实际，和平区民政局探索建设了8910智慧养老服务平台，实现了对全区有需要老年人的服务全覆盖，在保障老年人居家安全的基础上，提供便捷的智慧助老服务，帮助老年人享受到高质量的居家养老服务。

一、主要做法

（一）聚焦问题，打通堵点，实现互联互通

居家养老模式存在服务内容相对单一，管理和服务成本偏高，缺乏长效机制，政府约束力相对较弱等问题。为破解这些难题，打通居家养老服务的堵点，和平区开展了万户社区居民服务需求调查，对区内老年人群体进行充分摸底调查。在对调查结果进行需求分析并结合现有居家养老模式经验的基础上，和平区深化养老服务智能化、市场化改革，打造了8910智慧养老服务平台，实现涉老数据互联互通，用大数据支撑社区和居家养老服务快速发展，推进居家养老综合服务规范化、制度化、便捷化、智能化，在对和平区有需求的老年人应急呼叫服务全覆盖的同时，实现养老服务需求与供给精准对接。

（二）精准发力

和平区民政局围绕区内老年人群体现实问题精准发力，以“五件套、三平台、一热线”为切入点建设8910智慧养老服务平台。平台通过对区内养老服务对象的全覆盖，助推实现更高质量的老有所养、老有所乐。

（三）“五件套”提升居家安全水平

和平区为有需求的老人安装居家卫士“五件套”设备，提供一键求助、可燃气体感知、烟雾感知、人体红外感知以及通话等五大功能，实现实时分析、精准定位，一旦发生危险及时报警，有效引导应急服务队员入户服务。2021年，和平区实行全覆盖的应急呼叫服务。60岁以上老年人只要有需要，都可以通过接入8910智慧养老服务平台享受无偿的应急呼叫服务和低偿的其他居家养老服务。

（四）“三平台”优化服务架构体系

和平区将8910智慧养老服务平台细化为区、街道、社区三级。其中，区级平台负责分派应急信息、出动应急队伍、服务回访；街道平台负责指导、监督社区养老服务工作；社区平台负责本社区老年人动态，提供基本养老服务和部分应急服务，动员社区各类力量参与养老服务工作。

---

① 微信公众号“天津民政”. 和平区入选全国居家和社区养老服务改革试点工作优秀案例［EB/OL］.（2022-03-18）［2025-03-25］. https://mp.weixin.qq.com/s/Xsk2lHudjioWhsOrFxSI8Q.

同时，通过微信小程序明确家庭成员义务，确保紧急情况第一时间向老人家属发出报警，改变了以往所有养老应急服务均由区级应急队员响应的弊端，实现了家属—网格员—应急队员联动响应，做到大数据统计和精细化管理。

（五）“一热线”实现供需有效对接

老年人拨打和平区养老服务热线 89108910 可以了解周边养老服务设施的具体位置和最近的老年助餐点，还能预约上门理发、修脚、助浴、助洁等服务。借助 8910 智慧养老服务平台，实现全区养老资源有效链接，提高全区养老资源的配置效率，通过平台经济带动和平区养老事业和养老产业发展。目前，平台合作机构已达到 85 家，包括养老院、老年日间照料中心、老人家食堂以及其他企事业单位、社会组织等，未来还将有更多的市场化、社会化主体参与到和平区养老服务发展中来。

二、取得的成效

（一）“智慧＋产品”助推智慧养老服务落地应用

作为兜底保障的重点对象，和平区民政局聚焦 60 周岁以上孤寡、高龄、失能、空巢、失独等老人，纳入政府兜底保障的特殊老年群体。目前，已为全区 2 500 余户特殊老年群体免费安装“居家卫士”五件套智能设备，通过这一信息化的终端设备，8910 智慧养老服务平台可以对老人家中进行实时监测，一旦监测到危险数据，呼叫中心自动报警，电子地图准确定位，就近调度服务人员或签约服务机构上门提供服务。

平台还集纳了全区 64 个社区分散统计的老年人信息、专业化养老服务机构信息、9 大类应急服务事项，通过系统后台可快速查看老人基本信息、身体状况、养老需求等，做到实时守护特殊老年群体居家安全。

（二）“智慧＋平台”实现养老服务专业化广覆盖

8910 智慧养老服务平台以物联网技术为支撑，充分发挥平台经济模式作用，与包括市场化养老服务企业在内的 85 家养老服务主体开展合作，针对多元化的养老服务需求，提供无偿、低偿服务，实现养老服务的专业化和广覆盖。

拓展服务类型方面，从水电维修、燃气检测等传统应急服务，延伸到家中意外摔倒搀扶、陪同就医、代购药品等多元化服务；延伸服务范围方面，通过智慧养老平台对辖区养老服务资源进行整合，打通养老服务供需的信息堵点，形成以机构带社区、以社区带家庭的完整养老服务链条，实现哪里有个性化养老服务需求，精准的养老服务专业资源就推送到哪里的目标；扩展服务对象方面，由孤寡、高龄独居等特殊困难老年人，扩展到全区所有有需要的老年人，实现了智慧养老服务全覆盖。

（三）“智慧＋团队”夯实线下服务基础保障

8910 智慧养老服务平台在提供便捷线上养老服务的同时，还与 5 支线下服务团队紧密合作，通过线上线下相结合的方式，全面提升老年人居家养老服务质量。由 30 余名“孝老员”组成的“应急服务队”，24 小时待命为老年人提供入户搀扶、搭抬就医、煤气检测等应急服务；由 400 余名社区志愿者组成的“志愿服务队”，与 400 多位空巢老人结成帮扶对子，与智慧平台建立联动机制，实现智能服务与传统服务深度融合；由全区所有网格员组成的“社区网格队”，建立重点老年人探访制度，实现线上一键呼叫，线下同步响应；由燃气、水电等职能部门人员组成的“文明实践队”，重点关注并优先服务老年人特殊群体；由辖区派出所民警、辅警组成的“110 服务队”，通过智慧平台与区 110 指挥中心、派出所应急响应联动机制，实现应急响应、联动服务。

相关知识

智慧养老发展的四个阶段

1. 萌芽阶段（2000 年以前）。全球老龄化问题初现，但技术尚未成熟，养老服务主要依赖传统家庭养老和机构养老。养老以家庭和社区服务为主，信息化程度低。早期电子设备（如紧急呼叫按钮）开始应用于养老机构。

2. 初步探索阶段（2000—2010 年）。互联网技术发展，老龄化加速，各国开始探索科技与养老结合的可能性。部分国家如日本、欧美开始试点远程健康监测系统，基础智能设备如跌倒检测传感器进入市场。部分国家出台政策鼓励智慧养老试点项目。

3. 快速发展阶段（2010—2020 年）。移动互联网、物联网（IoT）、人工智能（AI）等技术成熟，智慧养老进入快速发展期。智能手环、健康监测设备逐渐普及，实时监测老人健康数据；整合医疗、家政、紧急救援的智慧养老平台兴起；护理机器人、陪伴机器人开始应用。

4. 深度融合与智能化阶段（2020 年至今）。5G、AI、大数据等技术深度融合，智慧养老进入智能化、个性化阶段。AI 技术分析老人行为习惯，提供个性化服务如用药提醒、健康预警；数字孪生与虚拟养老院模拟养老环境，优化服务流程；智慧社区养老整合社区资源，打造“15 分钟养老服务圈”；欧美国家推广“居家养老＋智能监测”，日本发展机器人护理，中国推动“智慧养老院”建设。

第四节　政府购买居家养老服务品牌实践：南京市江宁区“小江家护”[①]

2018 年，南京市江宁区人民政府推出“小江家护”政府服务品牌，实现为老、为残、为幼政府购买上门照护服务的规模化、标准化、信息化运营管理，同时推出“小江家护”品牌手环、烟感、气感等感知设备，形成互联网＋物联网的智慧养老多联网。

① 微信公众号“江苏省老龄产业协会”．“小江家护”托起幸福“夕阳红”［EB/OL］．（2021－05－06）［2025－03－25］．https://mp.weixin.qq.com/s/0eZDHscVw53O-aJh0zQVGQ.

"小江家护"的主要做法如下。

一、依托科技，优化流程，实现管理信息化

由政府打造"小江家护"居家上门服务管理平台，具有申请、签单、排班及工单管理、护理员管理、片区管理、评估监管等模块，服务、评估、监管单位均使用该平台，居家上门服务申请、审批、品控、监管均通过该平台实施，所有资金均通过该平台结算。同时平台与江宁民政数据系统融合，既实现了政府监管的中立和独立性，又能通过与婚姻、低保、特困、殡葬等民政数据的比对，保证各项数据的及时更新。通过信息手段优化"获取需求—编制计划—组织服务—进行监控—服务考评"流程，强化了对居家上门照护服务的规范化管理，提高了服务实效。

二、政府推动，社会参与，实现运作规范化

区政府每年投入 5 000 万元，为特定对象的老年人、残疾人、未成年人购买服务，210 个居家养老服务中心分别为全区老年人提供中心活动和上门关爱服务。由于单个工时价格达到 45 元，护理员薪资平均达到 4 500 元/月，缴纳社会保险，政府部门还对其实施免费培训，发放培训结业证书，符合规定的还享受护理员岗位补贴，因此，越来越多的"80 后""90 后"加入护理员团队，而且日趋稳定。居家养老服务中心除了能获得市级运营补贴，还能获得区级建设补贴和运营补贴，2020 年，居家养老服务中心获得年度运营补贴最高的达到 26 万元，全区累计向居家养老服务中心发放市、区两级补贴 1 150 万元。

三、分类服务，个性选择，实现服务标准化

将江宁区分为东西两个服务片区，通过政府采购，公开招标引进专业养老服务机构提供上门服务。服务项目分老年人、残疾人、未成年人三类对象，共有家庭保洁、理发修甲、买菜烧饭、代购代送、心理关爱等 42 个基础服务包，服务对象可根据自身需求，灵活选择所需要的服务项目，居家养老服务中心还为周边老年人提供助餐、助浴、助医等服务。2019 年，区卫健委联合"小江家护"服务机构面向全区推出"互联网＋护理服务"，老年人在家中就可以"网约护士"，接受专业的居家医疗护理服务。

四、系统中立，跟踪监管，实现份额竞争化

"小江家护"信息系统由江宁区民政局主持开发建设，由第三方信息开发公司负责数据维护和软件更新，服务器和软件不属于任何一家服务机构，确保了数据的中立和不被篡改。由于服务对象面广量大，单天工单量随着签约人数的递增不断上升，江宁区又通过购买服务方式，聘请第三方养老服务质量评估机构，对"小江家护"实施 365 天不间断跟踪监管，当天异常工单实施 100%电话回访，同时，每周对上一周总工单量的 10%实施系统自动生成列表的电话回访，此外，每天还对当天工单的 1%实施机动上门实地监管，所有监管结果实施扣分制，扣分分值与支付费用挂钩。为了形成退出机制，每个服务年度内，当分差达到 2 000 分时，落后的服务机构需要将本机构服务的一个街道移交给另一个机构。

五、整合数据，打通壁垒，实现数据共享化

2019 年 6 月，针对老年人就餐多样化、便利化的刚性需求，江宁区民政局与连锁中式餐点品牌合作，将老年人家庭周边的社会餐饮门店发展成"老年人助餐点"，为了

实现财政精准补贴，“小江家护”联合“京东云”和南京市民卡，实现“刷脸就餐”，通过人脸识别技术记录财政补贴，并与民政部门的殡葬、低保数据交叉比对，做到了财政补贴的方便和准确。“小江家护”还与江宁区民政局开发的养老机构管理系统“照护有方”对接，居家养老的老年人在入住养老机构时，养老机构可以查询到老年人在居家养老期间的数据和评估记录，方便养老机构了解背景资料。

拓展阅读

南京市政府购买照护服务标准及指导价

序号	服务项目	服务标准	计费方式	指导价
1	生命体征监测	(1) 体温：对老年痴呆、精神异常、意识不清、烦躁和不合作者，应采取恰当的测量方法或在床旁协助测量体温，体温计消毒方法符合要求，测腋温、口温、肛温时，应选择合适的体温计，并注意将体温计放置在正确的位置。 (2) 脉搏：一般患者可以测量30秒，脉搏异常的患者，测量1分钟，避免在偏瘫侧、形成动静脉瘘侧肢体、术肢等部位测量脉搏。 (3) 呼吸：测量呼吸时护理对象取自然体位，观察护理对象胸部或腹部起伏，测量30秒，观察护理对象呼吸频率、节律、幅度和类型等情况。 (4) 血压：测量血压时，协助护理对象采取坐位或者卧位，保持血压计零点、肱动脉与心脏同一水平，选择宽窄度适宜的袖带，驱尽袖带内空气，平整地缠于护理对象上臂中部，松紧以能放入一指为宜，下缘距肘窝2～3厘米，正确判断收缩压与舒张压，血压听不清或有异常时，应间隔1～2分钟后重新测量，长期观察血压的护理对象，做到四定：定时间、定部位、定体位、定血压计。	计次	5元/次
2	整理床单	(1) 根据护理对象的病情、意识、活动和合作能力，有无引流管、伤口，有无大小便失禁等，采用适宜的方法整理床单。 (2) 做好安全措施，防止护理对象坠床。 (3) 按操作规程更换被污染的床单。 (4) 保证床单位整洁，护理对象卧位舒适。	计次	5元/次
3	上门送餐	(1) 餐食应符合国家食品安全法律法规的规定和食品行业标准。 (2) 送餐应及时，饮食应保温、保鲜、密闭、防止细菌滋生，提供符合保温、保鲜要求的设备及运输工具，保证及时、准确、安全地将餐饮送达。 (3) 膳食供应方应获得卫生许可证，送餐人员应持有健康证。	计里程	500米以内2元，每超过500米增加1元，4层楼（含）以上每层增收0.5元。

续表

序号	服务项目	服务标准	计费方式	指导价
4	上门助医	(1) 协助监护人陪送老年人到医院就医或代为取药。 (2) 协助生活不能自理的老年人服用药品。	计次	每半天不超过40元，每天不超过60元。
5	家务料理	(1) 助洁主要包括整洁居室（客厅、卧室、厨房、卫生间）和清洁灶具。 (2) 墙壁：无尘土、开关盒等表面洁净。 (3) 门及框：触摸光滑、有光泽，门沿上无尘土。 (4) 地面：木地板洁净，瓷砖无尘土、有光泽。 (5) 玻璃：目视无水痕、无手印、无污渍、光亮洁净。 (6) 厨房：无明显污渍、不锈钢灶具光亮洁净、地面无死角、无遗漏。 (7) 卫生间：洁具洁净光亮、地面无死角、无遗漏、无异味。 (8) 清洁灶具：及时清洗，保持洁净，必要的进行定期消毒处理。	计次	1. 两居室：50元/次。2. 三居室：80元/次。3. 四居室：100元/次。
6	安全护理	(1) 根据护理对象的病情、意识、活动能力、生理机能、家庭环境等，做好坠床、跌倒、烫伤、误吸、误食、错服药物等意外的防护。 (2) 安全护理包括安全教育，对护理对象进行安全方面的指导，嘱服务对象或其家属注意自身安全，提高自我防范意识。 (3) 指导服务对象或其家属根据安全要求，改造居家设施，消除不安全因素。	计次	5元/次
7	协助更衣	(1) 根据护理对象病情、意识、肌力、活动和合作能力，有无肢体偏瘫、手术、引流管，选择不同的更衣方法，病情稳定者可采取半坐卧位或坐位更换，手术或卧床者可采取轴式翻身法更换。 (2) 更衣可与温水擦浴、会阴护理等同时进行，原则是：1）脱衣方法：无肢体活动障碍时，先近侧，后远侧；一侧肢体活动障碍时，先健侧，后患侧。2）穿衣方法：无肢体活动障碍时，先远侧，后近侧；一侧肢体活动障碍时，先患侧，后健侧。 (3) 更衣过程中，注意保护伤口和各种管路，注意保暖。	计次	5元/次
8	协助床上移动	(1) 根据护理对象的病情、肢体活动能力、年龄、体重，有无约束、伤口、引流管、骨折和牵引等，协助适度移动。 (2) 妥善处置各种管路，避免拖拉，保护局部皮肤。 (3) 保证体位舒适。	计次	5元/次

续表

序号	服务项目	服务标准	计费方式	指导价
9	温水擦浴	(1) 根据护理对象病情、生活自理能力及皮肤情况等，选择适当时间进行温水擦浴。 (2) 房间温度适宜，尽量减少暴露，注意保暖和保护隐私。 (3) 保持水温适宜，擦洗的方法和顺序正确。 (4) 擦浴时注意保护伤口和各种管路，擦浴后检查和妥善固定各种管路。 (5) 保持床单位的清洁、干燥；护理对象身体清洁、舒适。	计次	15 元/次
10	压疮预防及护理	预防护理对象发生压疮；为有压疮的护理对象实施恰当的护理措施，促进压疮愈合。 (1) 遵循标准预防、消毒隔离、无菌技术、安全的原则。 (2) 评估和确定护理对象发生压疮的危险程度，采取预防措施，如定时翻身、气垫减压等。 (3) 对出现压疮的护理对象，评估压疮的部位、面积、分期、有无感染等，分析导致发生压疮的危险因素并口头告知护理对象/家属，进行压疮治疗。 (4) 如压疮出现红、肿、痛等感染征象，及时送医处理。 (5) 与护理对象沟通，为护理对象提供心理支持及压疮护理的健康指导。 (6) 保证预防压疮的措施到位，预防或降低压疮的发生；为有压疮的护理对象实施恰当的护理措施，促进压疮愈合。	计次	15 元/次
11	面部清洁和梳头	(1) 根据护理对象的病情、意识、生活自理能力及个人习惯，选择舒适体位。 (2) 保持床单清洁、干燥。 (3) 保证面部清洁，头发整洁，感觉舒适。	计次	10 元/次
12	床上洗头	(1) 根据护理对象的病情、意识、生活自理能力及个人卫生习惯、头发清洁度，选择合适体位适时进行。 (2) 操作过程中注意保护伤口和各种管路；清洗后，及时擦干或吹干头发，防止护理对象受凉。 (3) 保持床单清洁干燥；头发清洁、整齐，感觉舒适。	计次	10 元/次

续表

序号	服务项目	服务标准	计费方式	指导价
13	协助进食/水	(1) 遵循安全的原则。 (2) 评估护理对象的病情、饮食种类、液体出入量、自行进食能力，有无偏瘫、吞咽困难、视力减退等。 (3) 评估护理对象有无餐前、餐中用药，以及是否有治疗饮食，给予指导，保证疗效。 (4) 进食过程中，应注意食物温度、软硬度及护理对象的咀嚼能力，观察有无吞咽困难、呛咳、恶心、呕吐等。 (5) 进餐完毕，清洁并检查口腔，及时清理用物及整理床单，保持适当体位。 (6) 必要时，准确记录护理对象的进食/水时间、种类、进食/水量等。	计次	15 元/次
14	口腔护理	(1) 指导护理对象漱口方法，鼓励并协助其自行刷牙。 (2) 遵医嘱选择合适的口腔护理溶液湿润棉球进行口腔护理，操作前后必须清点核对棉球数量。 (3) 保证口腔卫生得到改善，黏膜、牙齿无损伤。	计次	10 元/次
15	协助翻身及有效咳痰	(1) 根据护理对象的年龄、体重、病情、肢体活动能力、心功能状况，有无手术、引流管、骨折和牵引等，确定翻身的频次、体位、方式，选择合适的皮肤减压用具。 (2) 有活动性内出血、咯血、气胸、肋骨骨折、肺水肿、低血压等，禁止背部叩击。 (3) 翻身时，给予护理对象拍背，促进排痰，拍背原则：从下至上、从外至内，背部从第十肋间隙、胸部从第六肋间隙开始向上叩击至肩部，注意避开乳房及心前区，力度适宜。 (4) 保证卧位姿势定时更换，减轻局部组织的压力，预防并发症，有效排出痰液。	计次	15 元/次
16	留置尿管的护理	(1) 遵循消毒隔离、无菌操作的原则，预防感染，促进自主排尿的功能恢复。 (2) 评估和观察护理对象尿管留置时间、尿液颜色、性状、量，膀胱功能，有无尿频、尿急、腹痛等症状。 (3) 做好会阴护理，保持尿道口清洁，保持尿管通畅，定期更换尿管及尿袋。 (4) 留置尿管期间，妥善固定尿管及尿袋，尿袋的高度不能高于膀胱，及时排放尿液，协助长期留置尿管的护理对象进行膀胱功能训练。 (5) 拔管后根据病情，鼓励护理对象多饮水，观察护理对象自主排尿及尿液情况，有排尿困难及时处理。	计次	30 元/次

续表

序号	服务项目	服务标准	计费方式	指导价
17	会阴护理	(1) 根据会阴部有无伤口、有无失禁和留置尿管等，确定会阴护理的方法。 (2) 保护护理对象隐私。 (3) 保证会阴清洁，预防和减少感染的发生。	计次	15 元/次
18	失禁护理	(1) 护理时与护理对象沟通，清洁到位，注意保暖，保护隐私。 (2) 根据病情，采取相应的保护措施，如对男性患者可以采用尿套技术，女性患者可以采用尿垫等(留置导尿除外)。 (3) 鼓励并指导护理对象进行膀胱功能及盆底肌肉的训练。 (4) 保持床单位清洁、干燥；护理对象皮肤清洁，感觉舒适。	计次	15 元/次
19	床上使用便器	(1) 根据护理对象的生活自理能力及活动情况，帮助或协助其使用便器，满足其需求。 (2) 排便时采取正确体位，注意保护隐私。 (3) 便后观察排泄物性状及相关部位的皮肤，保持床单位清洁、干燥。	计次	15 元/次
20	指/趾甲护理	(1) 根据护理对象的病情、意识、生活自理能力及个人卫生习惯、指/趾甲的长度，适时进行护理。 (2) 选择合适的指甲刀；修剪过程中，避免损伤甲床及周围皮肤。 (3) 操作后保持床单位整洁；保持生活不能自理护理对象指/趾甲的清洁、长度适宜。	计次	15 元/次
21	足部清洁	(1) 根据护理对象的病情、足部皮肤情况，选择适宜的水温、清洁方法和舒适体位。 (2) 保持床单清洁、干燥。 (3) 保持足部清洁。	计次	15 元/次
22	日间照料	(1) 老人在养老服务站点接受全托式的照料。 (2) 服务内容采取打包式服务。 (3) 针对半失能、失能老人分别提供打包服务。 (4) 半失能老人服务包括：一日三餐、日间休息、测量血压血糖等日常体检项目、康复保健、慢病建档和管理、慢病康复理疗、看护、其他必要的服务项目；失能老人服务包括：在半失能老人服务的基础上增加协助进食、口腔护理等所有必要的护理项目。	计次	1. 半失能老人：半天（含早、午餐）30 元；全天（含三餐）60 元。 2. 失能老人：半天（含早、午餐）50 元；全天（含三餐）100 元。 上述价格不含接送费。

续表

序号	服务项目	服务标准	计费方式	指导价
说明		路途费指导价： (1) 服务员接（送）到站点：5元/次，另加接送费10元/公里，公里数按照四舍五入计算。站点其他消费当天满70元免接送费。 (2) 上门服务：5元/次，另加上门费7.5元/公里，公里数按照四舍五入计算。一次上门累计消费满50元免上门费。 (3) 养老组织提供具有高科技含量的服务，或者其他更加舒适的服务，可以根据服务消耗，另行制定价格，但提供的高附加值服务必须征得老人或其家属同意，并签订服务协议。		

章节习题

判断题

1. 互助养老模式提供有偿服务。(　　)

2. 政府购买居家养老服务的经费是直接给到老人。(　　)

3. 政府购买居家养老服务是居家养老政府补贴方式之一。(　　)

4. 社区居家养老是把家庭养老与社会养老以及邻里互助结合起来的一种养老模式，既区别于机构养老，也有别于家庭养老。(　　)

5. 居家老年人可以根据自己的实际需求自行购买养老服务。(　　)

课后研学

我国居家养老服务体系已经初步形成，各地陆续开展了多项居家养老服务改革试点，如推广“互联网＋护理”，为老人提供更多便捷的服务。同时，一些社区也开展了老年人安全检查、健康咨询等服务，提升了居家养老服务水平。但居家养老服务仍存在瓶颈。

1. 搜集各地区居家养老服务模式案例进行共享分析。

2. 探讨居家养老服务的不足及改进措施。

参考文献

［1］韩振秋，郭小迅．社区居家养老服务手册［M］．北京：化学工业出版社，2020.

［2］楼妍，许虹．居家养老服务与管理［M］．杭州：浙江大学出版社，2017.

［3］杨翠迎，刘玉萍．养老服务高质量发展的内涵诠释与前瞻性思考［J］．社会保障评论，2021，5（4）：118－130.

［4］胡湛，彭希哲，吴玉韶．积极应对人口老龄化的“中国方案”［J］．中国社会科学，2022，（9）：46－66，205.

［5］钟晓萌，任可．我国县域老年人的养老现状、问题与对策建议——基于 29 个省份 320 个县域的问卷调查［J］．中国物价，2023，（11）：33－36.

［6］李颖奕，张开云．“家庭主义”视域下居家养老照顾协同研究［J］．甘肃社会科学，2023，（6）：82－91.

［7］甘录，周绿林，许兴龙．社区居家养老服务高质量发展评价指标体系的构建研究［J］．中国卫生政策研究，2023，16（7）：40－47.

［8］韩磊娟，欧阳伟．老年人居家和社区养老服务利用影响因素研究——基于 CHARLS 数据的实证分析［J］．中国卫生政策研究，2023，16（8）：16－23.

［9］吴玉韶．用社会治理思维解决居家养老服务难题［J］．中国民政，2023，（13）：33－34.

［10］杜鹏，马琦峰．中国社区嵌入式养老：现状与问题浅析［J］．人口与发展，2024，30（3）：113－124.

［11］邢喜凤，李志明．支持型扩散：居家社区养老服务试点改革政策推广机制研究［J］．安徽师范大学学报（社会科学版），2024，52（4）：80－90.